TRUST AND DIGITAL

信頼とデジタル

顧客価値をいかに再創造するか

神戸大学大学院経営学研究科教授
三品和広 KAZUHIRO MISHINA

NTT データ代表取締役副社長執行役員
山口重樹 SHIGEKI YAMAGUCHI

ダイヤモンド社

信頼とデジタル――顧客価値をいかに再創造するか

はじめに

デジタルトランスフォーメーション（DX）、オープンイノベーション、コーポレートベンチャーキャピタル（CVC）などなど、新たな流行語が飛び交っています。飛び交うのは、大企業がこぞって飛びついているからでしょう。本業に勤しむだけで十分に忙しいはずの大企業が浮き足立っているとしたら、その背後には一種の「焦り」があるはずです。

でも、考えてみてください。「焦り」の原因は、流行語に飛びついたからといって消えてなくなるものでしょうか？　同業他社も飛びつくものが、競争優位をもたらすはずなどありません。ましてや姿形のよく見えない新興勢力が「焦り」を煽っているのだとすれば、解くべき問題は別のところにあるのではないでしょうか。深刻な内科疾患に絆創膏《ばんそうこう》を貼って済ますような愚は避けるべきでしょう。

この本では「何のためのデジタル？」を問い詰めます。経営トップがデジタル化の狙いやゴールを明確に指し示さないと、社内では「とりあえず形から入るデジタル」が横行し、コストだけ上がってしまいます。そういう笑うに笑えない事態を回避するには、「深刻な内科疾患」と向き合う必要があります。それをするのが第1章で、三品が担当しています。第2章以降は山口さんにバトンをつないで、読者の皆さんが自社におけるデジタル化の狙いやゴールを語るうえで刺激になるヒントをつづります。

経営トップの皆さんは、製品名や企業名や人名といった固有名詞の世界にどっぷり浸かり、目の前に次々と突きつけられる課題の解決に、脇目も振らず取り組まれていることと思います。それが実務家の世界ですし、課題の近傍から立ち上がってくる思考材料を吟味咀嚼することが大切なのは、言うまでもありません。しかしながら、たまには頭を持ち上げて周囲を見渡してみないと、時勢から取り残されてしまいます。この本は、皆さんが現業から一時離れ、広い視野からビジネスを展望する一冊となることを志しています。刺激になれば幸いです。

三品和広

デジタルの必要性は認識しているが、自社がとるべき具体策が見えない――。そんな思いを抱えている経営者は多いのではないでしょうか。

世の中を見渡すと、デジタルトランスフォーメーションの華々しい成功事例をもとに、経営者の「べき論」を語る言説が溢れています。しかし、デジタルがもたらした環境変化の本質と、企業が取るべき戦略をつなぐ明快なロジックは、残念ながらあまり見当たらないのです。

私は企業のデジタルプロジェクトをサポートしてきた立場ですが、実務の現場で顧客企業、特に大企業の経営者から、右記のような嘆きを頻繁に耳にしました。たとえば「デジタルオフィサーに任命され、デジタル改革をしようとしているが、ビジネスの現場をうまく巻き込めない」「デジタル化に遅れないように多くのPoC（概念実証）を実施してきたが、実際の事業変革に組み込めていない」「社内のIT部門の人材は既存システムには詳しいが、デジタルプロジェクトは推進できない。デジタルプロジェクトを推進する人材がいない」といったものです。

これらの声の背景には、デジタルを巡る誤解があります。「デジタルの先進技術を導入すれば画期的な成果が出るはず」「自社でデジタルがうまくいかないのはデジタルの先進技術を持った人材がいないから」等、デジタルが経営戦略とは分断されたものとして捉えられていることが多くあります。しかし実際はデジタルには、経営戦略を実現するツールとしてうまく活用すれば、顧客へ提供する価値を変え、ビジネスを進化させる力があるのです。本書の最大の目的は、デジタルと経営のギャップを埋め、多くの経営者にデジタルの本当の有用性を知っていただき、活用につなげていただくことです。

私自身は、企業のデジタルプロジェクトをサポートする立場であると同時に、大企業でキャリアを築き、現在は経営者として組織を率いる立場でもあります。多くの企業のビジネスを支えるプロジェクトを完遂し、お客さまと一緒に成果を出してきた経験と、自らが取り組まなければならない社内の改革において、実行時に直面したさまざまな課題や大企業の組織の力学など、内側で苦労した経験の両方を持っています。

それらの経験から、経営にデジタルを生かし、成果を出すことについて、実践的に語れるのではないかと思っています。

本書は、理論と実践をつなぐべく、2019年に出版した『デジタルエコノミーと経営の未来』に続いて、神戸大学大学院教授の三品和広先生と、再び共著という形でご一緒させていただきました。三品先生には、経営学者の立場でデジタル時代の経営の本質を語っていただきました。私は実務者として、また一人の経営者として、経営に従事されている方々に現場で役立てていただくことを目指し、デジタルを活用した経営改革の方法論について書いています。経営に従事されている方々は、既存事業で利益を出しながら、新しい経営改革を実行し、その結果に責任を持たなければいけません。論理だけではなく、ある程度結果が見通せる具体論と、「経営の言葉」で書かれた説明を必要とされていると思います。

本書の構成を簡単に紹介します。

第1章は三品先生にご担当いただきました。「大企業」をテーマに、既存の大企業が繁栄した条件は何か、現在はそれがどう変化しているのか、そしてデジタル時代に何を強みとして戦っていくべきかが、経営学者の立場から語られています。

第2章では第1章を受け、デジタルが企業の競争優位をどう変えたかを、実務者の立場で再整理を試みました。そして、デジタル時代にふさわしい大企業の新たな戦略として「顧客価値リ・インベンション戦略」を提案しています。大企業の「信頼」を強みに、デジタルを生かして顧客の真の課題を解決し、顧客価値を継続的に向上させるための戦略です。また、実行にあたって必要となる顧客とのバウンダリー（境界）の引き直し、つまり「顧客の活動をどこまで引き受けるか」についても述べています。

第3章では、顧客価値リ・インベンション戦略のフレームワークを示し、実践に至るプロセスを解説しました。

第4章ではさらに、デジタルで経営戦略の刷新に成功した企業の実例をフレームワークに当てはめて詳しく読み解いていますので、自社のビジネスモデルにどのように導入できるかが具体的にイメージしていただけると思います。

第5章では、顧客価値リ・インベンション戦略の実践に有効な方法論「デザインアプローチ」と、キーテクノロジーといえる「ＡＩ」について、世界的に豊富な実績を有する米国のテクノロジーベンチャー企業2社〈スター〈Star〉社、データロボット〈DataRobot〉社〉のCEOにインタビューを行いました。このパートでは、先進的なデジタルプロジェクトにおいても、成否を分ける重要なポイントは人間同士の「共感」や「信頼」であり、これらの企業が、顧客に提供する最大の価値をソリューションや技術でなく、「顧客企業のカルチャーの変革」と捉えていることに新鮮な驚きを感じていただけるのではないでしょうか。

第6章では全体を総括し、三品先生と対談を行いました。既存の大企業が直面している課題や、あるべき経営戦略、それを現場に組み込んで実行するための方法などについてあらためて意見交換しています。

デジタルは一部の新興企業だけのものではなく、既存の大企業を含むあらゆる企業と社会に影響を与え、それらをさらに進化させていくものです。この事実を、一人でも多くの経営者と共有できることを願っています。

山口重樹

目次◆信頼とデジタル

はじめに iii

第1章 大企業受難の時代 001

(1)大企業は永遠なり、という思い込み 002
国内でも負け始めた日本の大企業 002
大企業を動かす1980年代に就職した人々 004
デジタル化の誤った取り入れ方 006

(2)なぜ大企業は繁栄したのか 009
大企業を生み出したものとは何か 009
大企業とともに拡大する規模の経済 012
ビジネスにおける時空間の制約を取り払ったもの 014

国籍不明の製品が溢れる世界 017
大企業を守ってきたビジネスの制約 018

(3)なぜ大企業は衰退したのか 021
大企業衰退の四つの要因 021
要因① 大企業のスピードの低下 023
要因② 競争優位を無効化するアンバンドリング 026
要因③ テクノロジーの民主化 031
要因④ 悪化し続ける大企業病 037
大企業を苦しめる余分なレガシー 040
ソニーはなぜプラットフォーマーになれなかったのか 043

(4)宿命を変えるためのヒント 045
貸借対照表に表れない企業の資産 045
デジタル時代に武器になる大企業の強みとは 047

最高の品質ではなくとも支持されるマクドナルド 049
真のデジタル戦略をつくる原点となる「信頼の棚卸し」 052

第2章

デジタルが変える競争優位と経営戦略 055

(1)デジタルが競争優位を変える 056
「ウィズダム（叡智）」が競争優位を生み出す時代へ 056
デジタルエコノミーの三つのドライバーと失われる大企業の競争優位 059
大企業の強みを生かしたデジタル化に必要なこと 064
(2)顧客価値リ・インベンション戦略 067
顧客価値のリ・インベンション 067
顧客価値リ・インベンション戦略①顧客の真の課題を解決する 074
顧客価値リ・インベンション戦略②顧客価値を継続的に向上させる 080
継続的価値向上のための学習 083

デジタルエコノミーのさらなる加速 087
コラム❶ デジタルが解消するボトルネック 088

第3章

顧客価値リ・インベンション戦略のフレームワーク 095

(1)顧客とのバウンダリーを引き直し、新たな立地へ 096
アクティビティをデジタル化する 096
(2)トラステッド・パートナーとなるための七つの観点 100
観点①顧客課題（ジョブ）の抽出——提供価値を問い直す 100
観点②顧客課題解決に必要なアクティビティの抽出
——隠れたニーズを可視化する 104
観点③新たなアクティビティのデジタル化——提供価値をデザインする 105
観点④データと学習メカニズムの特定——進化の仕組みを埋め込む 107

観点⑤ 顧客課題を解決するアクティビティの分担
——顧客と企業のバウンダリーを変える 113
観点⑥ 収益モデルの構築——サブスクがすべてではない 118
観点⑦ 仕組みと提供体制——新たな構え 120
コラム2 プライバシー規制はどうなるか？ 125
コラム3 データ分析で相関ではなく因果を把握することは可能か？ 127
コラム4 予測精度を上げるにはどれだけのデータ量が必要か？ 129

第4章 事例で読み解く顧客価値リ・インベンション戦略 133

(1) フレームワークによる事例の読み解き 134
■事例1 価値を食卓に届ける［ウォルマート］ 134
■事例2 カスタムとマスの両立［カーボン］ 148
(2) 顧客の「トラステッド・パートナー」になるために 159
コラム5 デジタル化で店舗はどう変わるのか？ 164
コラム6 デジタル化でモノづくりはどのように変わるのか？ 166

第5章

顧客価値リ・インベンション戦略を有効にする先端テクノロジー

［インタビュー］
顧客価値リ・インベンション戦略を有効にする先端テクノロジー　169

インタビュー❶Star創設者・会長　ユハ・クリステンセン　170
デザインアプローチを、顧客価値のリ・インベンションにどう生かすか
すべての基礎に「エンパシー（共感）」がある　171
デザインが、ブランド価値になる　175
デザインが、未来の姿を変えていく　179
大企業のカルチャーを変える「コ・クリエーション（共創）」　184

インタビュー❷DataRobot創設者・CEO　ジェレミー・アシン　191
AIを顧客価値リ・インベンション戦略にどう生かすか
AIを生かせる二つの領域　192
AIプロジェクトを成功に導くセオリーとは　199
AIの信頼性を高めるためのチーム　204
スマホのようなAIをいかに生み出すか　211

第6章
【対談】デジタル時代にこそ、大企業の信頼を生かした変革を 215
三品和広◆神戸大学大学院経営学研究科 教授
山口重樹◆NTTデータ代表取締役 副社長執行役員
デジタル革命は、第二フェーズへ 216
社内のベストプラクティスを標準化 220
価値の本質を問い直す 224
攻めの信頼、守りの信頼 229
中期経営計画（中計）＋αの新たなマネジメントの模索 232
専門性を生かして、信頼から信任へ 235
経営の枠組みのアップグレードを 238

おわりに 241

第1章

大企業受難の時代

(1)大企業は永遠なり、という思い込み

■国内でも負け始めた日本の大企業

かつて、日本の大企業の強さが燦然と輝いた時代がありました。しかしいま、多くの企業にその面影はありません。

たとえば、戦後に大きく躍進し、日本を代表する大企業になったソニーの現在の時価総額は約10兆円。この数字だけを見れば十分に強いのですが、かつて同社を師と仰いだアップルに10倍以上の差をつけられていることを考えれば、グローバル市場における存在感の薄さは否めません。通信の優等生だったＮＥＣ（日本電気）も、いまや米国のシスコシステムズに20倍もの差をつけられています。日本的経営の象徴だったパナソニックも時価総額2兆円を切っており、同社が手がける数ある事業のなかの一つ「電池」に特化した中国企業ＣＡＴＬでさえ、時価総額3兆円と、パナソニックを大きく上回っているのです。

また、日本の大企業といえば鉄鋼を忘れることはできません。「鉄は国家なり」を体現した日本製鉄は、富士製鐵、八幡製鐵、住友金属工業までのみ込み、合併に合併を重ねたにもかかわらず、現在の時価総額は1兆円を少し超える程度、米国の電炉製鉄メーカー、ニューコアを下回っています。大きな資本投下のもと、広大な敷地と巨大な設備を要する高炉製鉄に比べると、鉄スクラップを小さな炉で溶かす方式の電炉製鉄は製鉄方法としてはかなり小規模ですが、その電炉製鉄メーカーにすら負けている状況です。

国内企業同士でもこうした傾向は見られます。たとえば右記の例に挙げた大企業群と同時期に成長した繊維メーカーの東レと、1990年代以降に一気に規模を拡大した衣料小売のファーストリテイリングを比べてみましょう。繊維メーカーのなかでは圧倒的に威勢がいい東レですら現在の時価総額は1兆円に届いていない一方、東レが供給する繊維を使った機能性下着、ヒートテックを大量に売りさばくファーストリテイリングの時価総額は4兆円に達しています。東レは、カネボウや東洋紡のような天然繊維の会社が右肩下がりになるなかで、世界に誇る炭素繊維技術を打ち立てた合成繊維業界のチャンピオンです。しかし、東レの創業に半世紀以上も遅れた1984年に、ようやくユニクロ1号店をオープンさせた新興企業のファーストリテイリングに、時価総額で4倍の差をつけられているのです。時代は明らかに変化しています。

■大企業を動かす1980年代に就職した人々

かつて、これらの大企業の強さは圧倒的でした。特に１９８０年代には、高度経済成長期に大きく飛躍した日本の企業が続々と世界市場に進出しており、大国米国と貿易摩擦を引き起こすまでになっていました。トヨタ自動車、本田技研工業、日産自動車といった自動車産業はいうにおよばず、電機分野でもパナソニックやソニーなどのメイドインジャパンが世界を席巻しました。半導体ではＮＥＣ、東芝、日立製作所、富士通、三菱電機などが躍進し、新聞もテレビも、日増しに国際化する日本企業の勇姿を大々的に伝えたものです。１９９０年代にバブル経済が崩壊すると、多くの中堅企業が淘汰されましたが、大企業は他社との経営統合などの動きが一部で出たとはいえ倒産するようなことはほぼなく、嵐のような時代を生き抜きました。

大企業は不滅だ――。誰もが疑問なくそう思ったのも無理はありません。学生の就職人気企業ランキングの上位には大企業がズラリと名を連ねていましたし、それらはいずれも一等地のきらびやかなビルに本社を構え、エントランスに足を一歩踏み入れるだけで圧倒されるほどでした。大企業の絶大なパワーに疑問を差しはさむ人などいなかったのです。いま、こうした大企業の中枢で活躍しているのは、まさにこの1980年代に就職した人たちです。

ところで、本書では議論を明確にするために、日本企業の強さが頂点に達していた1980年の時点で東証一部に上場していたレガシーな大手企業を「大企業」と定義しています。アマゾンやグーグルは、規模の面ではいまやグローバル市場を支配する押しも押されもせぬ大企業ですが、主に2000年以降に成長した企業ですので、本書でいうところの「大企業」に該当しないことをここでお断りしておきます。

それから40年。時代は移り、大企業繁栄の時代は終わろうとしています。それにもかかわらず、いまも過去の強い成功体験を根拠に「大企業は永遠なり」と思い込んでいる人は少なくありません。経営層からは「社員の危機感が足りない」という嘆きをよく耳にしますが、実は、当の経営層こそが大企業のパワーをいまだ頼りにし、慢心しているように私には思えます。その大きな理由が、大企業繁栄の時代の頂点で就職し、規模の大きさがもたらす「慣性力」のなかで働き続けたことで、強固な「思い込み」にとらわれてしまったからではないでしょうか。

経営者の多くは、大企業が拠って立つ土台は不動のものとして信頼しながら、小手先の変革で事態が乗り切れると考えています。時代に合わせた変革の試みとして、「デジタルトランスフォーメーション」を対外的にアピールする企業も少なくありません。しかしその多くは、既存ビジネスのコストダウンや効率化の道具としてデジタルテクノロジーを使っているにすぎず、字義通りの「トランスフォーメーション」には至っていません。

■デジタル化の誤った取り入れ方

本当に変えるべきは土台です。ベンチャーや新興企業のような新たな競争相手が土台そのものをどんどん無効化している現在、土台そのものを見直す根本的な対策を打たなければ、遠くない未来に「あれが最後のチャンスだった」と悔やむことになるでしょう。

わかりやすい例を一つ挙げましょう。書店です。いま、街の書店が生き残るのはとても難しくなっていることは、多くの人が認識しているでしょう。世の中には膨大な本が流通しており、書店の小さなスペースには到底収まりません。面積あたりの効率を高めるには店頭在庫を売れ筋に絞らざるを得ず、宿命的な品揃え不足に陥っています。これでは、わざわざ足を運んでくれた顧客に求める本を提供できない可能性が高く、在庫があっても本棚から目当ての一冊を探し出すために余計な労力をかけさせてしまいます。それでも見つからなければ、取り寄せが必要になり、さらに数日間も顧客を待たせることになります。一方、ネット書店のアマゾンは巨大倉庫にありとあらゆる本を揃えています。検索もネットで瞬時にでき、注文はクリック一つ、翌日には手元に届きます。さらに電子書籍ならタイムラグもなく、すぐに入手が可能です。電子書籍がこれからさらに進化すれば、将来的には物理的な本そのものが駆逐されるかもしれません。もはや「書店」というビジネスの立地そのものが破壊されているのです。

このような状況で、書店の経営者が「ネット書店に対抗して検索システムを導入する」「SNSで情報発信をする」といったデジタル化を宣言したとして、根本的な問題は解決するでしょうか。もちろん、短期的に見れば売上や利益が少しは上がるかもしれません。しかし長期的に見れば、このような小手先の工夫は焼け石に水でしょう。経営者が本当に取り組むべきはネット書店の後追いではなく、自身が立つ土台そのものを見直すこと、すなわち「書店のリソースを生かした新たな本業の模索」ではないでしょうか。

ビジネスそのものが陳腐化しているにもかかわらずその再定義を怠り、小手先の工夫で時間を浪費する過ちが理解できるならば、その目で、ぜひ自社の中期経営計画を見てほしいと思います。「大企業は永遠なり」という思い込みを前提とした事業計画が並んでいないでしょうか。そもそも大企業は、現在の経営層も含めて大企業という看板のもとに集まった社員によって構成されていますから、「寄らば大樹の陰」という思惑が共有されやすい組織といえます。そのため、未来を想定する際にも「大企業は永遠に強くあり続けてほしい」という願望が自然に紛れ込んでしまいます。しかし、それを可能にしていた前提が崩れてしまえば、願望通りの未来が訪れるはずもありません。はっきり申し上げると、すでに大企業受難の時代は始まっているのです。

本章では、そんな「思い込み」がなぜ生まれたのか、そしてなぜいまも強固に生き残っているのかを説明したいと思います。そのためにまず「なぜ大企業は繁栄したのか」という歴史から説き起こしてみましょう。

(2) なぜ大企業は繁栄したのか

■大企業を生み出したものとは何か

私たちは大企業が当たり前のように存在する社会に生きていますが、実は大企業の歴史はそれほど古くありません。米国に初めて大企業が登場するのは19世紀後半、南北戦争が終わった直後の話ですから、せいぜい150年ほどの歴史しかないのです。

東インド会社があるじゃないか、という反論があるかもしれません。確かに英国の東インド会社は1600年に活動を始めていますが、これは国家が特権を与えて貿易や植民地経営に携わった独占的特許会社であり、会社といってもいまでいう株式会社とはまったく違います。われわれのよく知る形態の大企業は、それからずっと時代が下った18世紀終盤の第一次産業革命の時代まで待っても、まだ登場しないのです。

では、19世紀後半になぜ大企業が生まれたのでしょうか。キーワードは「石油」です。石油の大規模な産業利用が始まったのは南北戦争直前の1859年、ペンシルベニア州のドレーク油田で石油が機械掘削されてからのことです。南北戦争が終わると石油の量産が本格化し、1870年に実業家ロックフェラーが石油会社スタンダード・オイルを設立しました。これが大企業の起源であり、鉄鋼のカーネギー・スチール（1889年）、金融のJ・P・モルガン商会（1895年）が後に続きます。石油掘削ラッシュで産油量が増えると熾烈な価格競争が起きましたが、ロックフェラーは競合する企業の買収を重ねて規模をどんどん拡大し、鉄道会社と長期かつ大口の輸送契約を結ぶことで大量の石油を遠くまで安く運ぶ仕組みをつくり上げ、その競争に勝ちました。そのための物流の基盤となった長距離鉄道にレールや橋梁を供給したのがカーネギー・スチールであり、彼らに資金供給したのがJ・P・モルガン商会です。石油はモノの大量生産を生み出し、それを遠方に届けて全国市場を形成し、物流にエネルギーを提供しました。大企業は石油とともに勃興し、発展したのです。

これらの元祖・大企業が築いた莫大な富の名残は、いまもニューヨーク中心地にランドマークとして残っています。マンハッタン区5番街にそびえるロックフェラー・センターは、スケートリンクの賑わいが冬の風物詩になっていますし、7番街に立つカーネギーホールは、威風堂々たる音楽の殿堂として存在感を示し、マディソン街に立つモルガンライブラリーでは、モルガン家が収集した豪華絢爛なコレクションが公開されています。

日本においてはどうでしょうか。ロックフェラーが手がけた石油の世界では1888年に新日本石油が生まれ、カーネギーが手がけた鉄鋼の世界では1901年に官営八幡製鉄所が操業を始め、モルガンが手がけた商業銀行の世界ではみずほ銀行のルーツとなった第一国立銀行が1873年に生まれました。いずれも19世紀から20世紀への移行期に集中しているという意味で、米国の事情とそう変わりません。松下電器産業（現・パナソニック、1918年）やトヨタ自動車（1937年）の創業はそれ以降の話ですから、大企業の歴史は意外に短いのです。

少し横道にそれますが、日本がかつて世界2位の経済大国にまで上り詰めることができた最大の理由は、世界の大企業の黎明期に、ぎりぎり滑り込んで近代化に踏み出すことができたタイミングのよさにほかなりません。明治維新が起きた1868年は南北戦争終結のわずか3年後であり、この時点での米国には、まだカーネギーもロックフェラーもJ・P・モルガンも誕生していませんでした。「和魂洋才」「脱亜入欧」をかけ声に、日本ががむしゃらに変革を進めていたころ、学ぶべき先の欧米でも、ようやく大企業という新たな存在が勃興しつつありました。つまり日本は、生まれたてほやほやの欧米の大企業から、リアルタイムでかつ効率よく新時代の技術と経済のあり方を学ぶことができたといえます。それに遅れた韓国や中国は、結果としてずいぶん遠回りしていることを考えても、日本の近代化のタイミングは非常に恵まれていたといえるでしょう。

■大企業とともに拡大する規模の経済

ひるがえって、現在はどうでしょうか。ビッグデータやAIが牽引する第四次産業革命は、いま、まさに進行中といわれていますが、表面的には明治維新のようなパラダイム変化は起きていません。そのため、歴史の節目であることも十分に可視化されていません。明治維新を率いたのは、辺境で生まれた若いリーダーたちでした。大企業が隆盛を誇っていた1980年代に入社し、大企業は永遠という思い込みを持ったまま経営層に上り詰めた人たちが多くの大企業で経営の操縦桿を握り続けている日本の現状とは対照的です。

話を元に戻すと、大企業を誕生させたのは石油です。そして、まさに大企業繁栄の時代の重要な前提である規模の経済を発展させたのもまた石油なのです。というのも石油には、規模の経済を駆動させる特性が備わっているのです。

規模の経済というと、単純に「大きいほうが有利」と考える人が多いのですが、ここではもう少し突き詰めて考えてみましょう。規模の経済の基本原則は、「二乗三乗の法則」です。それは「表面積は半径の二乗に比例し、体積は半径の三乗に比例する」というものです。つまり、半径を大きくした効果は、表面積よりも体積に大きく表れるのです。多くの産業施設において、アウトプットは施設の体積で決まります。しかし、建築費（材料費や施工の人件費）などのコストは表面積に左右されやすい。つまり、半径を大きくすればするほど、相対的に費用対効果が高まるのです。これが規模の経済の理論的基盤です。石油の持つエネルギーを利用するためには、燃焼などによって石油を化学反応させる工程が欠かせません。石油関連産業に必要不可欠なボイラー、炉、蒸留塔、反応釜、燃焼室といった設備は、すべて体積が大きければ大きいほど効率が上がります。つまり二乗三乗の法則が強く効く、という特徴があるのです。

ナフサを反応させてエチレンやプロピレンをつくるプラントも、第一次石油ショックのころはせいぜい30万トン規模でしたが、現在は100万トンを超えています。そのためコストが下がり、製品価格も下がりました。鉄鉱石を溶かす高炉も同様です。設備を大きくしたほうが経済的とあって、そのための技術開発や材料開発がどんどん進み、電気も鉄も樹脂も安くなっていく。これが、20世紀の経済成長を支える原動力になったのです。規模の経済とは、つまり石油の持つ特性にぴったり合致した経済原理であるといえます。

■ビジネスにおける時空間の制約を取り払ったもの

しかし、大企業は永遠という思い込みが生まれるにはまだ不十分です。19世紀末というタイミングで、なぜ石油がこれほど世界に大きな影響を与えたかといえば、そこに「物流」と「通信」という強い牽引力が働いていたからにほかなりません。石油は巨大なエネルギーを生み出します。それゆえに、より遠くに運び、より大量の消費を確保する仕組みがなければその力を十分に生かすことができません。第一次石油ショックまで約1世紀にわたる「石油の世紀」は、製品を工場から遠く離れた場所まで運ぶ鉄道（物流インフラ）と、情報を広範囲に瞬時に伝えるブロードキャストシステム（放送インフラ）

図表1-1　第一次〜第四次産業革命

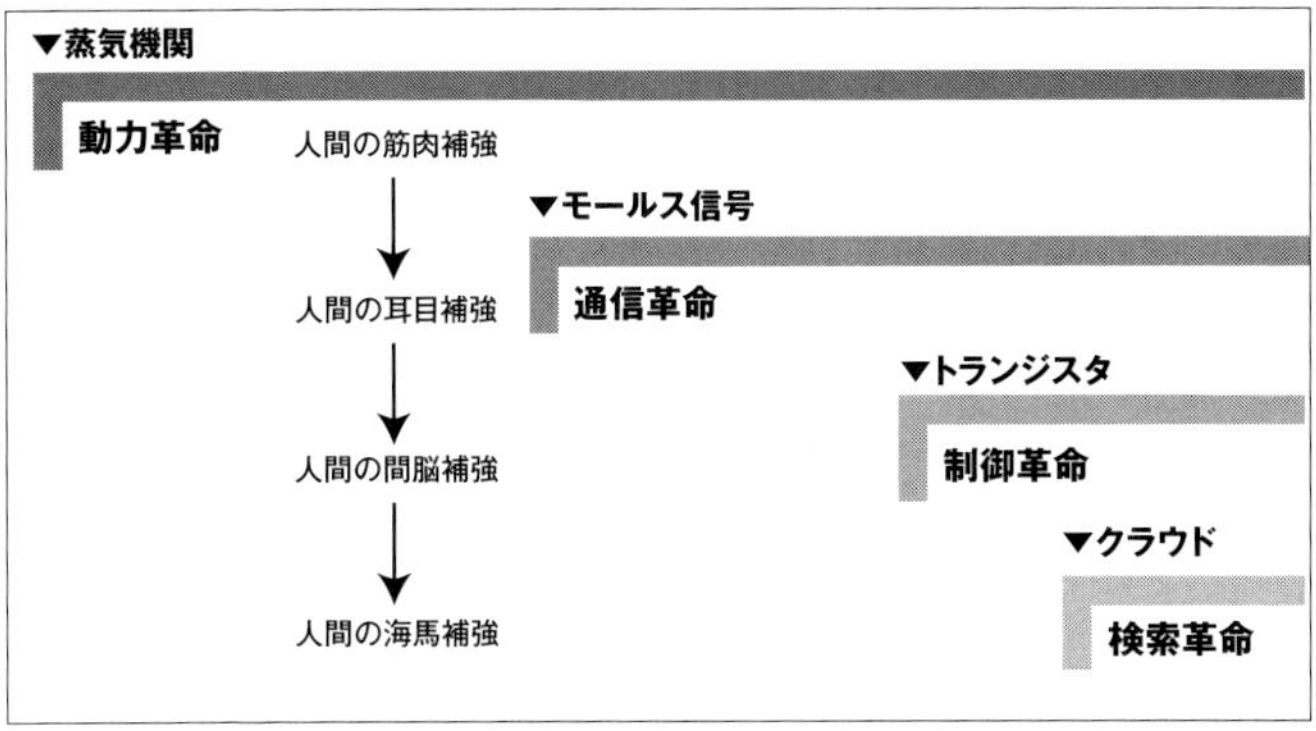

を下敷きにした広告の誕生という条件が揃ったからこそ始まりました。そこで規模の経済を強く駆動させながら、大企業は繁栄していったのです。

産業革命以来の経済発展の流れを振り返ればわかることですが、イノベーションは単体ではなく、いくつもの要素が重なり合ったときに真の威力を発揮します。第一次産業革命（動力革命）はワットが改良した蒸気機関の登場とともに始まりましたが、この新たな動力機関が何度も技術進化を重ねた末に長距離鉄道網という物流インフラを生み出し、さらに電信機に端を発する第二次産業革命（通信革命）と合流したときに規模の経済を牽引するパワーを生み出しました。産業革命とは、単発的な技術革新の歴史ではなく、遠く離れた産業や技術が合流することでこそ大きな威力を発揮します。このメカニズムについては、本書と同じくＮＴＴデータの山口重樹氏と私の共著であり、本書の前著に位置づけられる『デジタルエコノミーと経営の未来』で詳しく述べていますので、興味のある方はぜひご参照いただきたいと思います。

規模の経済が幅を利かせるようになる前は、村ごとに生活必需品を製造して商うさまざまな個人商店がありました。日本にも、かつては集落ごとに造り酒屋や味噌屋、醤油屋などがあったことを覚えている人もいるでしょう。村は産地であると同時に、消費地だったのです。その事情は米国でも同じで、タウンごとにビール屋やパン屋や肉屋がありました。ところが鉄道が村と村をつなぐようになると、どこかの遠くの原材料集積地でつくったモノが安く大量に運ばれるようになりました。

同時に、鉄道に沿って整備された有線の電信網が、見たことも聞いたこともないモノの素性を遠くへ伝えるようになったことも大きな変化をもたらしました。日本でも、通信インフラ整備が進んで遠隔地のニュースが瞬時に伝えられるようになった明治期に次々に新聞が創刊され、以降ニュースソースとして広く普及していくことになります。新聞の普及にともなって、空きスペースに設けられた広告枠の売買も活発になりました。

1895年には博報堂、1901年には電通が創業し、近代広告業も黎明期を迎えます。その結果、人々はなじみの店がつくった製品ではなく、安く提供される遠くのモノを安心して購入するようになったのです。

■国籍不明の製品が溢れる世界

鉄道開通以前なら品川と浅草は別の経済圏でしたが、鉄道と通信がつながれば、品川は浅草どころか、神戸とも福岡とも直接つながります。ナショナルマーケットが誕生し、全国の胃袋を満たすことを想定した大規模なビール工場が、パン工場が、ハム工場が生まれます。広範囲に宣伝を打ち、大規模ゆえに信じられないほどの安価で商品を提供する企業の登場で、経済の秩序は大きく変わりました。村の生活になくてはならなかった小さな商店は存在意義を失い、事実上すべて淘汰されました。

第三次産業革命に第四次産業革命が合流しようとしている現在も、質的に同じことがグローバルスケールで起きています。鉄道と通信の組み合わせで市場が地域から全国に広がったのと同様に、コンテナ船とインターネットの組み合わせが経済を一気にグローバル化しているのです。規格化されたコンテナを大量に積み合わせて輸送するコンテナ船は国際物流のコストを大幅に下げ、インターネットは刻々と変化するマーケット状況に基づいた注文や配送のリアルタイムな調整を可能にしています。かつては、「世界の工場」として中国を使おうとすれば大ロット生産が前提で、工場も倉庫も船便も一括して押さえなければならなかったためにリードタイムが非常に長くなったものですが、いまではそうしたデメリットはほぼなくなりました。需要量の変化にきめ細かく対応して逐次生産された製品が、距離をものともせずに世界中に出荷されています。コンテナ船とインターネットがグローバル市場におけるモノのハンドリングを容易にし、コストもリスクも削減しているのです。すでに私たちの身のまわりには、iPhoneのように国籍が定かでないモノが溢れかえっています。かつて村々の酒屋や味噌屋が潰れたように、特定の国に張りついた企業は大量絶滅するでしょう。

■大企業を守ってきたビジネスの制約

もう一つ、大企業繁栄の条件として「制約」の存在を忘れてはいけません。第一次産業革命と第二次産業革命は市場を大きく拡大させましたが、それでもさまざまな制約は存在していました。その制約こそが、後発の新興企業の市場参入を阻む障壁として機能しており、大企業の優位性をさらに盤石なものにしていたのです。

たとえば、販路は有限です。商材を流通させる問屋の数には限りがあり、大規模メーカーがいったん有力問屋と結びつけば、新参メーカーがどんなにいい商品をつくっても扱ってくれる問屋を見つけるのには苦労します。有力問屋にしてみれば、現有メーカーとの取引関係を失っても損をしないだけの売上規模を新参メーカーが保証できない以上、未知の可能性に懸ける選択はあまりに危険だからです。となれば、新参メーカーを拾い上げてくれる問屋は失うものを持たないところだけで、売る力に劣るのはいたし方ありません。これは市場取引の制約ですが、それが新参者をブロックすることで先行者に利益をもたらしていたのです。

告知面でも同様です。商品やサービスを最終消費者に認知させるにはメディアが不可欠ですが、たとえば新聞は、印刷して各戸配達するという仕組み上、紙面はせいぜい1部40面ぐらいが限界です。テレビやラジオのような電波媒体も電波の帯域に限りがありますから局数をどんどん増やすわけにいきませんし、時間も1日24時間と有限です。当然ながら、広告枠やＣＭ枠にはシビアな制約があります。すると、先に枠を獲得した人々が値段を吊り上げておけば、もはや後進企業に使える枠は残りません。

財務面でも先に大きな工場を建て、事業を軌道に乗せ、キャッシュを回した企業ほど株価が上がりやすく、優先的に資金調達ができますし、人材調達面でも実績のある企業なら有望な人材を確保できます。資金や人材の総量には限りがある、言い換えれば市場に制約が存在したことこそが、先行して大規模化した企業が全方位的に参入障壁を張り巡らせることを可能にしたのです。こうした制約にあまり目を向けることなく、大企業の優位は当たり前だ、と信じてしまうと、実際には環境変化が「制約」を取り払ったため優位性を担保できなくなっているにもかかわらず、時代遅れの思い込みを強固に保持することになりかねません。

(3)なぜ大企業は衰退したのか

■大企業衰退の四つの要因

これまで申し上げてきた通り、大企業は「あって当たり前」の存在ではありません。存続に有利な条件が揃っていたから存在していたにすぎないのです。その条件とは、まずは石油と、石油がもたらした規模の経済です。しかし、気候変動などの環境問題が大きな社会問題となっているいま、石油はもはや積極的に使うべきエネルギーではなくなっており、再生可能エネルギーにシフトする大きな流れが生まれています。石油と大企業は表裏一体ですから、石油がたそがれると大企業もたそがれる可能性が出てきます。

事実、規模の経済のもとで一世を風靡した大企業が、米国でも後進の新興企業に次々に逆転されています。かつてブルーチップ（優良株）中のブルーチップといわれ、大企業、優良企業の象徴だったＩＢＭの時価総額は、コロナショックで相場が下がる前ですら１兆円を切っています。時価総額１００兆円のマイクロソフトとの差は実に１００倍。

インテルも25兆円と、完全にＩＢＭを凌駕しています。小売で世界一になったシアーズは、日本が大阪万博の開催で沸いていた１９７０年にシカゴに本社ビル、シアーズタワーを建て始めています。当時、世界一の高さを誇った超高層ビルです。世界一のビルを建てなければ、本社が収まらなかったほどの大企業だったのです。このとき、まだ日本のＧＭＳは夜明け前。シアーズは、後のダイエーやイトーヨーカ堂、ジャスコ（現イオン）が仰ぎ見るお手本でした。そんな小売業の王様もいまや倒産の淵にあり、時価総額はわずか70億円で、アマゾンの１００兆円と比べると見る影もありません。大企業の象徴だったゼネラル・モーターズもリーマンショックで経営が破綻し、オバマ政権に救済を仰ぎました。その後、復活したかに見えますが時価総額は４兆円に届かず、10兆円のテスラにダブルスコアをつけられています。

このように、米国でも日本でも強さを示していた大企業が、１９８０年時点では存在すらしていなかった新興企業に、追い抜かれたどころか極めて大きな差をつけられ、敗退しています。私たちはこの事実を噛みしめる必要があります。大企業は衰退すべくして衰退しているのです。

ではここからは、大企業が衰退した要因をさまざまな角度から探ってみましょう。具体的には、「大企業のスピードの低下」「競争優位を無効化するアンバンドリング」「テクノロジーの民主化」「悪化し続ける大企業病」の四つです。

■要因① 大企業のスピードの低下

２００９年にノーベル経済学賞を受賞した経済学者オリバー・ウィリアムソンが打ち立てた理論に「市場vs組織」というものがあります。この理論の前提には、ヒトやカネといった経営資源の配分方法として、誰かが立てた計画通りに配分する統制経済より、個人の自由な活動に任せる市場経済のほうが優れているという市場主義経済への信頼があります。市場に任せれば、いずれ必要なところに投資が集まり、雇用も増える。神の見えざる手に導かれて資源がしかるべき場所に落ち着くのだ、という説です。実際、それを裏づけるように、組織の力で計画的に資源を配分しようとしたソビエト連邦は１９９１年に崩壊を迎えました。

しかし、世の中をよくよく観察すると、実は市場原理から除外されている島のような存在がある、とウィリアムソンは指摘します。それが企業です。企業内では、予算も人事も会議で決まります。予算編成だ、中期経営計画だ、というのは、まさに人の見える手で資源を配分する行為にほかなりません。これはソビエト連邦の経済計画を彷彿とさせます。ウィリアムソンによれば、企業は市場経済のなかに生き残った社会主義、または統制経済のようなものなのです。

では、なぜ市場経済に反する存在といえる企業が、市場のなかに存在しうるのでしょう。キーワードは「スピード」です。市場には本来、ヒトやカネを効率的かつ適切に配分する力が備わっています。しかし、正しい配分にたどり着くまでには試行錯誤をともないます。つまり、時間がかかるのです。それに対して企業は、トップがひとたび方針を決めれば、上意下達ですぐに末端まで行きわたり、ヒトとカネを素早く配分することができます。正しさの点では疑問が残るとはいえ、市場に任せるよりも圧倒的に速いのです。このスピードにこそ、企業の存在意義がありました。

さらにいえば、規模の経済はスピードにも効果がおよぶため、大企業のスピードは企業間競争における競争優位の源泉になりました。大企業は、中小企業や家庭では持つことのできなかった専用回線や通信機器、世界中に張り巡らせた駐在員網などの情報ネットワークを駆使してスピードの向上を実現していました。ビジネスを左右する世界の動向は、報道で広く世間に伝わるより先に、まずは大企業の本社に届いていたのです。

しかしインターネットが普及し、情報の民主化が進むと状況は一変します。テレックスがなくても、世界各国に駐在員事務所を置かなくても、世界で何が起こっているかを普通の人が瞬時に把握できるようになったのです。むしろ、内部調整に手間がかかる大企業のほうが歪みのない情報を得るうえで不利になっています。

終身雇用と年功序列を前提とする日本の大企業の長期雇用システムにも、同様の問題が露呈しています。企業の論理に忠実な社員を育成するこの仕組みは、かつては大企業の上意下達のスピードを上げる役割を果たしていましたが、いまでは組織の変化を阻む大きな障害となっており、むしろスピードダウンの要因となっています。

一方、市場のスピードはデジタルの進展によって大幅に上がっています。かつては、どこで何を売っているかを調べるだけでもひと苦労でしたが、さまざまな情報がデジタル化され検索可能になると、売り手が買い手を見つけるのも、買い手が売り手を見つけるのも一瞬です。しかも、さまざまな選択肢のなかから最も条件のよい取引相手をすぐさま検討することができ、試行錯誤のリスクが激減しています。市場取引全体のスピードが上がったことで、大企業の競争優位の源泉だったスピードは相対的に失われてしまいました。

2000年代に入り、「スピード経営」なる言葉をよく耳にするようになりました。しかし、この言葉を1980年代に使う経営者はいませんでした。デジタル化以前の世界では、大企業のスピードが市場よりずっと速いことは、至極当たり前の事実だったからです。しかし1993年に商用インターネットが始まり、2000年ごろから光ファイバーで通信が高速化すると、市場の取引スピードはみるみる上がり、大企業の遅さが目立つようになりました。もちろん、デジタル化は企業内の情報共有もスムーズにしますし、大企業のスピードアップにも多少は役立ちます。しかし、その効果を打ち消して余りあるほどに、市場のスピードアップは劇的でした。経営者が「スピード経営」の重要性を訴えるのは、企業が市場のスピードに負けていることを自白しているようなものなのです。

■要因②　競争優位を無効化するアンバンドリング

大企業をおびやかす大きな脅威に「アンバンドリング」があります。

ＢtoＣビジネスにおいて、それは「カテゴリーキラー」という形で登場しました。たとえばダイエーのような大型小売店の場合、１階に食品、２階にインテリア用品、３階に衣類、４階に家電、５階に本、というように売り場を積み上げて多様な品揃えを確保します。多様な商品群を一つの店舗にバンドル化することで、ワンストップであらゆるものが買える利便性を顧客に提供していたのです。ところが１９９０年代以降、それぞれに専門店が現れて顧客を奪っていきました。インテリア用品はニトリ、衣類はユニクロ、家電はヤマダ電機、本はジュンク堂……といった具合です。専門店ならではの強みを生かし、より高品質の商品をより安く提供するこうしたカテゴリーキラーの躍進で、便利ではあるけれど品揃えが中途半端な総合店舗は消費者に敬遠されるようになりました。

ＢtoＢビジネスにおいては、バリューチェーンの解体という形でアンバンドリングが進みました。たとえば日本の総合電機メーカーは、テレビをつくるとなれば、内部に組み込む電子部品まで自社で製造してきました。テレビ用の半導体一つとっても、設計から製造装置の開発、シリコンの焼き付けから完成品のパッケージングまですべて自前が当たり前でしたし、さらにその材料も自社系列の子会社から調達していたのです。おまけに完成品のテレビを販売するのも、自社製品ばかりを扱う系列店でした。川上から川下まですべてを自社系列で固め、利益を内部で囲い込む、完全なる垂直統合体制を築いていたのです。

ここにもアンバンドリングするプレイヤーが次々に現れます。テレビの組み立てなら鴻海（ホンハイ）精密工業のようなＥＭＳ、半導体の焼き付けならＴＳＭＣのような半導体ファウンドリ、テストやパッケージングを請け負うＯＳＡＴ、というように、バリューチェーンのステージごとに独立した会社が生まれ、世界中から注文を受けるようになったのです。日本が半導体で負けたのは、こうした流れに逆らって垂直チェーンにしがみついたからにほかなりません。せっかく有望な半導体部門を持っていても、上流や下流で顧客と競合して系列外からの注文を事実上シャットアウトしていては、チェーンの一部を切り取って世界中から広く注文を受ける企業に勝てるわけがないのです。

もちろん、組織が市場より「速かった」時代は、この堅牢な垂直チェーンこそが大きな強みでした。総合電機、総合化学といったオールラウンダーは、材料がどこにも売っていなくても、材料開発から自前で取り組み、複雑な製品をつくり上げることができました。それが日本の大企業の得意技だったのです。典型例が、ノートパソコンで世界一になった東芝です。1989年、東芝が世界初のノートパソコン「ダイナブック」を発売することができたのは、まさに垂直統合を極めていたからにほかなりません。当時、ノートパソコンに必要な部品など、市場では何一つ買えませんでした。フラットな液晶ディスプレーも、コンパクトな充電池やハードディスクも、省電力の半導体やメモリーも、すべてがどこにもなかったのです。しかし東芝は、大企業ならではの上意下達の構造を活用し、トップの指示のもと、各部隊が一斉にそれらの部品の開発に取り組みました。当時、ノートパソコンの構成部品のすべてをグループ内でまかなえた世界でただ一つの企業は、IBMではなく東芝だったのです。いざ会社のプロジェクトが始動すれば、一直線にゴールに向かって走れるのが大企業の強みです。これは、垂直統合を極めた日本の大企業の強さが燦然と輝いた最後の瞬間といえるかもしれません。

しかし、アンバンドリングが進むと、市場にはありとあらゆる部品が溢れかえります。すると、これらを買い集めて上手に組み立てるだけで製品が完成するようになりました。ダイソンは扇風機一つで、アイロボットは掃除機一つで世界を相手に商売を始めましたが、市場で部品を買い集めることができるからこそ、パナソニックや東芝に対抗できるのです。こうして製品分類ごとに多様なプレイヤーが登場してくると、何から何まで揃うけれど扱うのは一ブランドだけという「ナショナルショップ」や「東芝のお店」のような系列店は、顧客離れを食い止めるのに苦労します。昨日の競争優位の源泉が今日は苦しみのもとに転じる、の図式です。世界市場の誕生は、こうしてビジネスに極めて大きなインパクトをもたらしたのです。

「つまみ食い」という形のアンバンドリングも起きています。宅急便のヤマト運輸は1980年代に規模を拡大し、サービスの広域化をどんどん進めた企業です。規模が大きくなるにつれて世の中からある種の公共性を持つインフラとして期待されるようになり、そこが勝ち筋と信じてユニバーサルサービスの展開へと邁進しました。そして、全国津々浦々、離島も漏れなくカバーする緊密な配送網を築き上げ、郵便局にも代替しうるほどの能力を得ました。ところが、これだけECが伸びているにもかかわらず2017年3月期に営業利益は半減し、いまだ回復途上にあります。その大きな理由が、ECの巨人であるアマゾンがデリバリーを自前でやり始めたことです。アマゾンは、デリバリーコストが最も低い部分、つまり人口密度が高く配達効率のよい都市部の配達だけをつまみ食いするように取り上げ、自営業者を中心とした小規模のデリバリープロバイダーに任せました。そしてヤマト運輸には、人口密度の低い過疎地や、船便を使わなければたどり着けない離島など不便な場所ばかりが残されていくのです。このような「おいしいところのつまみ食い」現象は、多くの大企業にとって他人事ではありません。大企業が「供給責任」を掲げ、コストをかけてユニバーサルサービスを維持している間に、新興企業はおいしいところだけを奪っていくわけです。

かつては、複数の企業が提供するサービスを場面ごとに使い分けようと思えば取引コストのほうが高くつきました。しかし、デジタル技術が発展したいまなら管理コストが劇的に下がっており、複雑な振り分けも簡単です。一社に委ねていた仕事のチェーンを細分化して、市場取引に近づけることも安くできます。これもデジタルが市場取引のスピードを上げたことから派生する影響の一つといえるでしょう。

■要因③　テクノロジーの民主化

いつの時代もイノベーションはビジネスのあり方を大きく変化させますが、当然のことながら、イノベーションがすべての企業に利益をもたらすわけではありません。自社の強みを生かす方向に働くコンピタンスエンハンシング（competence enhancing）なイノベーションと、それとは反対に、持てる強みを破壊する方向に働くコンピタンスデストロイング（competence destroying）なイノベーションの2種類があるからです。この区別を提唱したのは、経営学者のマイケル・タッシュマンとフィリップ・アンダーソンです。

これまで日本の大企業が経験してきたのは、基本的にコンピタンスエンハンシングなイノベーションでした。たとえば、自動車産業が勃興したことで、それまで自転車向けのゴムタイヤなどをほそぼそと製造していたゴムメーカーに自動車用タイヤの注文が殺到する、というようなケースでは、自動車がゴムメーカーにとってコンピタンスエンハンシングなイノベーションであることは明らかです。しかし、デジタルテクノロジーの進展によって次々に生まれている現在のイノベーションは、基本的には大企業にとってコンピタンスデストロイングなイノベーションになっていると私は考えています。それは、かつて大企業が独占していたテクノロジーが一般化し、小規模なプレイヤーが大企業と同じ土俵で活躍することを許すからです。

デジタル技術の進歩が小規模生産のコストを下げ、規模の強みをなきものにしているケースとして、ナショナルブランドのパンメーカーと、街に溢れる個人経営のベーカリーの競合を例に考えてみましょう。いま、若いオーナーによる小規模なベーカリーの開業がブームになっています。彼らの多くは住宅街に店を構え、固定客を獲得しています。こうしたベーカリーの登場が、スケールのまったく異なる山崎製パンのような大企業をひたひたとおびやかしているのです。

山崎製パンのような全国規模のメーカーは、巨大なパン工場を各地に張り巡らせています。長い長いトンネルオーブンの内部では、ベルトコンベアに載った大量のパン生地が常に移動しており、大量のパンが均質かつ連続的に焼き上げられています。工場には巨額の資金が投下され、生地をこねるにも焼くにも大型機械が用意されています。そこでは細かなプログラムが設定されており、緻密に管理する温度プロファイルなどのもと、安定した品質のパンを各工場が毎日10万斤規模で焼ける体制を整えているのです。

一方、街のベーカリーは小さい店舗に小さいオーブンが一つあるだけ。それでも毎朝、さまざまな種類のおいしいパンが用意され、焼きたてが店頭に並びます。この秘密は、実はオーブンの技術革新にあります。いまのオーブンには、小さいものでもセンサーやマイクロコンピューターが装備されており、プログラムを呼び出してスイッチを押すだけで焼き加減を自動的に制御できます。つきっきりで温度を調節する必要などないのです。パンのように複雑な温度管理が必要なものを自動制御しようと思えば、かつてはもっと大きなコンピューターが必要でした。大きな窯と大きなコンピューターはセットだったのです。しかしセンサーやマイコンの値段が下がると、温度や湿度などさまざまな変数をモニタリングしながら自動制御するためのコストも劇的に下がりました。すると、わずかな設備投資で質のいいパンが焼けるので、半径1キロメートル圏内というような小さな商圏で勝負する街のベーカリーでも経営が成り立つのです。

「焼きたてを提供する」という付加価値を一つつけるにも、大規模工場に生産を集約するタイプの大企業にとっては大仕事です。コンビニなどの店頭に小さなオーブンを構えたうえで、店舗から遠く離れたセントラルキッチンで大量生産した冷凍生地を各店舗に供給しなければならないからです。生地工場に冷凍設備を導入しなくてはならないし、専用トラックを揃える必要もあります。つまり、さらなる設備投資が必要になり、固定費が重くなるのです。その点、街のベーカリーなら、生地を凍らせずに焼くのでムダがありません。焼きたてどころか発酵したてで、当然ですがコンビニのパンよりずっとおいしく魅力的なパンが供給できます。しかも、季節に合わせて趣向を変えたり、顧客の好みや売れ筋に対応したりして大きさも味も柔軟に変えられます。こうした付加価値の高い商品が、かつてよりずっと低コストでつくれるようになり、強いはずの大メーカーが個人経営のベーカリーに負けてしまう現象が起きているのです。

製造業においては、ある製品を製造するために、装置まで自前でつくって事業を成り立たせているケースが少なくありませんでした。ところが市場がグローバルに広がると、製造装置だけを売る「装置屋さん」が成立するようになります。従来は企業内だけで使われていた装置が市販用に設計され、それを世界中からクリック一つで買えるようになったのです。1980年代の日本の半導体製造現場には手づくり装置が溢れていましたが、いまではどこでも市販装置を並べただけの状態に変化しています。驚くほどニッチな専用装置まで市場に出ており、皮肉なことに、もともとの製品の開発者が使っていた手づくり装置より性能がいいのです。

メーカー内ではプロセスエンジニアが装置を開発し、町工場に設計図を渡して組み立てることになりますが、装置専業メーカーでは、大学院出身のバリバリのエリートが世界市場に向けて設計や生産にあたり、工夫に工夫を重ねて生産性向上やコストダウンに取り組みます。日本のトップメーカーの内製装置が市販装置に負けても、不思議ではありません。優秀で安い装置を世界にばらまかれたら、日本のメーカーはひとたまりもありません。残念ながら内製化の利かない分野は広がる一方です。

同じ現象は開発分野でも進行しています。東京大学の藤本隆宏教授が指摘した通り、別々の部署で開発した部品をすり合わせて品質を確保していく分野では、日本企業はかつて絶大な強みを発揮しました。ところが開発部門に3次元CADが入り込んだことで、このすり合わせ作業をコンピューター上で行える開発環境が市販されるようになりました。それも自動変速機のような狭い専門領域に特化したうえでのことです。そうなると、その分野でトップレベルの専門家に導かれて、経験の浅い技術者でもまっとうな仕事ができるようになってしまいます。中国があっという間に世界の最先端に躍り出てきた背景には、こうした事情があります。

テクノロジーは装置やソフトウェアに埋め込まれ、いまや誰にでも買えるものになりました。そうなるとモノ自体は必然的にコモディティ化し、量産に従事するメーカーが利益を獲得するのは至難の業です。利益の落ちる場所が装置やソフトウェアといった周辺分野にシフトしたなら、そちらに本業を移せばよい、と考えたくなりますが、周辺分野は概して少数精鋭で仕事をする世界になっています。所帯を拡大した大メーカーは、そこでは従業員の雇用を守ることはできないので、儲からない量産を苦しみながらも続けます。

かつて日本のメーカーが健闘した携帯端末の世界では、いまやｉＰｈｏｎｅを擁するアップルが世界に君臨しています。周知の通り、アップルは量産に手を出しません。基本的に、企画と販売に徹しています。利益が出る周辺分野だけで勝負するのです。そして独自のｉＯＳを磨き込んで、「ネットワークの経済」をフル活用しています。ｉＰｈｏｎｅという共通のプラットフォームを多くの人が使えば、アプリが増えて使用価値がますます大きくなり、そしてさらに多くの人を魅了する。こうしたネットワークの経済を上手に生かして発展していくＧＡＦＡの台頭の前に、モノづくりにこだわって垂直のチェーンをガチガチに固めた日本企業は衰退の道をたどるしかないのです。

■要因④　悪化し続ける大企業病

１９９０年代以降、日本企業にしばしば「大企業病」が指摘されるようになりました。戦後日本経営史に燦然と輝いた松下幸之助が他界したのは１９８９年、本田宗一郎が他界したのは１９９１年です。ちょうどそのあたりから、日本企業のダイナミズムが陰りを見せるのです。

大企業病の兆候の一つとして、社員が顧客ではなく上司ばかりを見ることが挙げられますが、これは大企業が抱える構造から導き出される必然です。誰が生活の糧をくれるのかと問うなら、大企業では答えが上司になってしまいます。顧客がいなければ生活が成り立たないことは概念としてわかるのですが、自分の評価を左右するのは目の前にいる上司だからです。

おまけにヒエラルキー構造で上層部に権限を集約させて経営資源の配分を決める以上、社員は何をするにも上司に決裁を仰がなければいけません。こうしたシステムは社員を否応なく「指示待ち体質」にします。社員が独創的なアイデアを提案しても、前例に縛られた上司に却下されるのならば、何もせず指示が下りてくるのを待つほうがいいに決まっているからです。大企業は、いわば大規模な「指示待ち族製造装置」です。

指示待ちを解消すべく権限委譲に走る企業もありますが、これはこれで別の地獄が待ち受けます。他人のカネの使い方は誰でも甘くなるからです。自分の懐を痛めるのなら、アマゾンで数千円のものを買うだけでもパソコンの前で何時間も逡巡するような人が、会社の経費の扱いは信じられないぐらい雑になります。利益責任を持たされていないスタッフならなおさらです。結果的に事前承認プロセスが復活して、権限委譲が名ばかりになるのは必然といってよいでしょう。

何かというとコンサルタントに意見を求めるのも、大企業病の症状の一つです。コンサルタントが提言する内容には何ら目新しさがなくても、彼らが書いたレポートが上司の説得には役に立つ。つまり、顧客に提供する価値を上げるためではなく、組織の論理を回すためにお金が使われているのです。誰もそれを疑問に思わなくなれば、大企業病も末期といえるでしょう。

このように描写すると大企業が滑稽に見えるかもしれませんが、ビジネスに成功すれば結果として企業は大きくなりますから、大企業病から逃れることは難しくなります。企業規模が大きくなれば、調整を要する関係部署が増えるのは当然ですし、全体を見渡すことも難しくなります。大所帯を束ねるには秩序を軽視するわけにもいきませんから、自ずと規定や手続きが増えて、官僚組織化することも止められません。簡単に解決できる問題ではないのです。

それなのに大企業病を笑う人は、「大」のレベルが見えていない可能性が多分にあります。松下幸之助が社長から退く前の最後の決算時、松下電器産業の売上高は５０００億円を少し超えたくらいでしたが、他界する前の最後の決算では優に5兆円を超え、その後のピークではほぼ10兆円に達しています。本田技研工業も似たようなもので、本田宗一郎が社長から退く前の最後の決算での売上高は7000億円を少し超えたくらいでしたが、他界する前の最後の決算では優に4兆円を超え、その後のピークで16兆円の手前まで行きました。数字は2000年価額に直してあるので、インフレやデフレの影響は除去済みです。桁違いに大きくなったわりには、工夫の上に工夫を重ねて、健闘しているのです。

だとしても、市場は誰の指示も待ちません。皆が自分で判断して実行するだけです。これまでは情報不足で判断できなかったことも、情報が瞬時に手に入る環境では、アイデア次第でビジネスの可能性は大きく広がります。インターネットが市場の高速化を促すにつれて、改良版の大企業でも太刀打ちすることはますます難しくなっています。

■大企業を苦しめる余分なレガシー

このような要因に加えて、これまで大企業の優位性を守る方向に作用してきた「制約」

も、いまではその多くが取り払われていることをあらためて確認しておきましょう。販路面では、限られた販路を大企業が優先的に押さえていた状態をインターネットが一気に開放し、店頭に並べるためのコストも劇的に下がりました。いまやロングテールを誇るネットショップには、パナソニック製品も、つい最近立ち上がったばかりのベンチャー企業の製品もフラットに並んでいます。

告知面でも、テレビCMや新聞・雑誌などの広告枠に電波帯、時間枠、紙面などの制約があったことが大企業に有利に働いていましたが、ネット検索がこれを無限に広げました。さらに、旧メディアのように大金をかけてマスに訴求しなくても、最も自社製品に関心を持ちそうな層に絞って、低コストでメッセージを届けられるようになっています。大企業が大々的に宣伝しているものより、ユーチューバーが掘り出したユニークな商品や情報に価値を見出す人が増え、広告費をかけなくても、誰かがどこかで勝手に話題にし、知らないうちに拡散する、という現象が起きています。

財務面でもベンチャーキャピタルやクラウドファンディングなど、資金調達の手段が多様化していますし、決済面でも電子決済の手段が増えています。かつて企業はいざというときに助けてもらうための布石として借りる必要のないお金まで銀行で借りるといったことを行っていましたが、デジタル時代に生きる起業家には考えられない行動でしょう。

人材面でも、有名な大企業にしか人が集まらない状況は終わり、いまやインディードが、自分のスキルを最も効率よく生かせる場所を細かく教えてくれます。人材は「囲い込むもの」から「市場で取引するもの」に変わっているのです。

ヒトやカネといった資源を持たないベンチャー企業や個人でも簡単にビジネスが展開できる環境は、すでに十分整っています。これは、規模で優位性を得てきた大企業にとっては生きにくい時代です。では、大企業も新興企業の真似をすればいいのかというと、そういうわけにもいきません。規模の経済に最適化していた大企業は、人事制度や福利厚生といった、重たいレガシーを背負っており、軽々しく捨てるわけにはいきません。表面的にベンチャーの真似をしても、余分なレガシーを持たない身軽な新興企業とはコスト構造が違いすぎるのです。

■ソニーはなぜプラットフォーマーになれなかったのか

近年では、コーポレートベンチャーやオープンイノベーションを叫ぶ企業も増えていますが、往々にして空回りしています。それなりの費用をかけて、昔ながらの商談スペースをおしゃれな交流スペースにリフォームし、「これぞオープンイノベーション」と喧伝したところで勝手に新しい何かが生まれるわけではありません。大企業でそうしたスペースが活用されることなく閑古鳥が鳴いている間に、ベンチャー企業ではオープンイノベーションだ、コラボだ、とわざわざ宣言することもなく、近所のスタバでミーティングを重ねてさっさと事業を前に進めています。

「プラットフォーマーを目指す」と宣言する企業も少なくありませんが、まず、これまで大企業として市場を支配し、周囲にどれだけ敵をつくってきたかを冷静に捉えてほしいと思います。プラットフォームは、「この指止まれ」という提案に幅広く賛同する参加者がいないことには成り立ちません。アップルのiTunesよりも早く音楽配信事業を構想していたソニーが、どうしてプラットフォーマーになれなかったのか。それは、ソニーには1960年代のCBS・ソニーレコード設立に始まる音楽事業のレガシーがあるからです。音楽業界には、ワーナーをはじめ数々のライバルがいます。「マーケットシェアの20％を獲得している」という事実は、裏を返せば残る80％を敵に回していることと同義です。そのソニーがライバルたちに向かって「この指止まれ」と言ったところで、誰が参加するでしょうか。

一方、音楽系ビジネスを持たなかったアップルにはどこにも敵がいません。音楽パッケージの売上が激減する未来が見えている状況で、どこにも確執のないアップルが提案する新たなビジネスのチャンスならばレガシーな企業でも乗りやすい。実際に、ソニーすらこの提案に乗らざるを得なかったのです。アップルはしがらみのない新興企業だからこそ、プラットフォーマーになれました。こうした原理も理解せずにプラットフォーマーを目指そうとか、コーポレートベンチャーを導入しようとか、深く考えずに口にする経営者が多いのは残念に思います。デジタルの世界で生まれ育った企業のやり方を表面的に真似たところで、所詮「ごっこ」にしかならないのです。「チャレンジのためなら、多少の失敗や損失は許容する」という鷹揚な経営者もいるでしょう。しかし問題は、見果てぬ夢を見ている間に着実に時間が失われていくことです。いますぐ本質的な問題に手を打たなければ、取り返しがつかなくなる可能性が高いのです。

(4)宿命を変えるためのヒント

■貸借対照表に表れない企業の資産

以上に見てきたように、大企業が廃れていくことは、宿命です。しかし、宿命に抗う攻め口がないわけではありません。これまで、大企業の強みは「規模」でした。しかし、これからは「信頼」を大企業の強みとしていく舵取りがカギになるのです。

経営学には、一橋大学の伊丹敬之名誉教授が提唱した「見えざる資産」という概念があります。貸借対照表に記載されている資産だけが企業の資産のすべてではなく、技術、ブランド、ノウハウといった貸借対照表に記載されない資産も、企業活動のなかで着実に蓄積されていく、というのです。このうち技術やノウハウは企業の内部に蓄積されますが、大企業を救うカギは企業の外に蓄積される信頼にあると私は考えます。

2001年にノーベル経済学賞を取った経済学者ジョージ・アカロフが面白い問いを立てています。それは「これほど優秀な人材を豊富に持つインドが、なぜいつまでたっても貧しいままなのか」というものです。この問いを解くカギも信頼です。インドを旅行して、何かしら騙されたり、いい加減な扱いを受けたりして痛い目に合ったという人は少なくないでしょう。こうした経験を持つ人が国内外にいるため、誰もがリスクを恐れて取引をしたがりません。だから市場経済が発展せず、貧しいままだというのです。

中古車市場にも同様のメカニズムが働いています。自動車に感じる価値観は個人によってさまざまですから、新車を次々に買い替えたい人もいれば、安く中古車を手に入れたい人もいます。前者のような人が売る中古車は走行距離が短く状態がいいのですが、こうした優良な中古車に限って買い手がつかないという不思議なことが中古車市場では起こります。中古車市場には嘘やごまかしが蔓延しているために信頼がなく、開示された情報が良好すぎると、かえって「怪しい。事故車に違いない」という不安を煽ることになるのです。こうした状態が続くと、中古車に適正な価格がつかなくなり、新車に乗り換えたい人も中古車を売りづらくなり、経済そのものが縮んでしまいます。しかし、もし中古車市場に信頼があれば、新車への乗り換えもしやすくなり、状態のよい中古車を適正価格で買いやすくもなり、みんながハッピーになって経済が拡張します。経済において「信頼」はこのように重要なのです。

■デジタル時代に武器になる大企業の強みとは

信頼が生まれる最大の理由は実績です。誰しも未知の相手と大きな取引はしたくありません。まずはリスクの小さい範囲で試し、それがうまくいくと、次はもう少し大胆になる。これを繰り返すことで実績が重なり、信頼が育っていくのです。松下電器産業も最初からテレビを大量に売っていたわけではありません。裸電球や自転車の砲弾型ランプを買って満足した人が次にアイロンを買い、それにも満足した人がテレビも買うようになったのです。日本的経営の象徴といわれた松下電器もトヨタ自動車も、こうして多くの消費者の支持を積み上げてきました。どんな大企業にもこのようなステップアップの歴史があり、時間をかけて積み上げてきた実績は何ものにも代えがたい資産です。家電製品に詳しくない人や、車がさほど好きではない人ほどパナソニックやトヨタを選ぶのも、信頼があればこそです。

デジタル時代においても信頼は有効です。いえ、デジタル時代だからこそ信頼が大切なのです。最初はプラスの側面ばかり見てインターネットを賞賛していた人たちも、ここに来て「フェイク」というマイナス面に目を向けるようになっています。それはそれで前進なのですが、嘘の情報を流す人にペナルティを科す仕組みがないという根本問題は放置されたままです。いまから10年もたてば、私たちのインターネットに対する接し方は無邪気だったと回顧されることになるのではないでしょうか。

信頼を築くための重要な要素は、デリバリーとリカバリーです。顧客の手元に期待通りにモノやサービスを届け、万一問題が起きた場合は責任を持って善処する。たとえば、上場しているハウスメーカーの住宅は、地域の工務店が施工したものに比べると憧れの対象となっています。住宅のように長期にわたる品質保証が求められる買い物の場合、きちんと施工して引き渡してもらえるか、引き渡し後に不具合が出たとききちんと対応してくれるか、というデリバリーとリカバリーの重要度が非常に高いからです。自動車も、故障や事故のリスクを考えれば、いくら性能やデザインに魅力があっても、ベンチャー企業から買うのはためらわれますし、現にテスラもそこで苦しんでいます。先ほど紹介したベーカリーの事例のように、買ってすぐ消費される少額の商品を扱うビジネスとは異なり、家電や自動車のような高額耐久消費財の市場では大企業の優位性が揺らぎにくいのです。

このデリバリーとリカバリーに、いまのところデジタル世界で活躍する新興企業は弱点を抱えています。デジタルでは完結しない要素が残るからです。たとえばスーツがネットで買えるようになっても、体型が変わったときにサイズ直しをきちんとやってくれるのは、熟練した店員を抱えるところだけです。ネットで買ったスーツは、おそらく処分するしかなくなります。そういう要素をこれまで以上に大切にすることが、大企業に活路を開きます。

欧米の大企業に比べると日本の大企業は生き残っていますが、これも損得勘定抜きでデリバリーとリカバリーをきちんとやってきたおかげかもしれません。それを純粋なコストと見る向きもありますが、初期品質や事後対応が企業の信頼という見えざる資産を増やしてきたことを考えると、そのバリューははかりしれません。

■最高の品質ではなくとも支持されるマクドナルド

信頼は高額耐久消費財以外でも強みになります。「信頼=高品質」というわけではないことを、マクドナルドを例に説明しましょう。

安いファストフードを扱うマクドナルドは「高品質」とは別の軸で信頼を強みにして

います。マクドナルドよりはるかにおいしいハンバーガーを提供する個人営業のお店はいくらでもありますが、店構えを見ただけでは味がわかりませんし、いざ入ると常連さんばかりで居心地が悪いかもしれません。その点、世界中どこでも同じ看板を掲げているマクドナルドなら、驚くようなおいしさはないにしろ「いつものあの味」「いつものあの店」という期待を裏切ることがありません。イートインスペースやトイレも含めてです。そして、すでに多くの人にデリバリーされ、万一期待通りでなくてもリカバリーされるに違いないという安心感があるため、初めて飛び込む店で最初の取引をするための敷居も極めて低いのです。信頼とは、取引を重ね、デリバリーとリカバリーという実績を繰り返すことで形成されるものですから、個人営業の店の味がいくらよくても、サービス全般に対する信頼がなければ取引そのものが始まりにくく、そもそも取引が始まらなければ信頼が形成されるはずもありません。

デリバリーとリカバリーがもたらす「安心」という観点から考えると、製品そのものの品質もさることながら、顧客対応にあたり、接客空間を清潔に保つ現場の人にこそ、大企業の命綱が預けられているケースはとても多いといえます。フィジカルな接点があり、いざというときに助けてくれるフロント人材は、顧客にとっては企業そのものだからです。しかし、大企業が往々にしてこれらを代替可能な機能と見なして合理化の対象とし、子会社や孫会社にして切り離していくのは残念なことです。

ビルに欠かせないエレベーターも、エレベーターというモノの価値より、それを安全に保つ保守メンテナンスにこそ価値の本質があります。しかしこうした部分はどんどん企業から切り離されています。こうしたサービスを維持するためには、堅牢なオペレーションが必要であり、本来は、これぞ信頼の砦です。現場のスタッフがコツコツとやるべき仕事に取り組み、気持ちよく顧客に接するためには福利厚生も大切ですから、これもいたずらにカットすべきではありません。身軽さが身上のベンチャー企業には決して真似のできない要素が、こういうところに隠れています。

自社の信頼がどこから生まれているかを考えるためには、コストとバリューを区別して認識することが大切です。信頼は目に見えず、貸借対照表にも載りません。信頼がもたらすバリューは金勘定に含まれないのです。一方で、信頼を生み出すための人件費や設備維持費はコストとして金勘定に含まれてしまいます。バリューが見えていないのにコストだけが見えるために削減の対象になりやすい。しかし、この削減は自らの首を絞める行為です。信頼の源泉をカットしては、蛸が自分の足を食べるのと変わりません。

■真のデジタル戦略をつくる原点となる「信頼の棚卸し」

大企業がまずやるべき大切なことは「信頼の棚卸し」です。他社と比べて目立った優位性があるわけでもないのに、顧客の満足度が高かったり、継続的な取引ができていたりするなら、経営陣はまずその理由を明確にすべきでしょう。工作機械メーカーが継続的に新しい機械を売り上げている裏には、真面目な物品管理者の存在があるかもしれません。これまで販売した機械のそれぞれについて、膨大な点数の部品を廃棄せず、管理方法を工夫し、保管スペースを捻出し、顧客から問い合わせがあればすぐに対応し、必要な部品をすぐに見つけ出してデリバリーしてきたのかもしれません。ならば、その蓄積こそが信頼を生んでいる可能性があるのです。しかし、物品管理者の人件費は毎月レポートに上がっても、売上にいかに大きな貢献をしているかは数字を見ているだけではわかりません。自動車メーカーにせよ、組立工場がメディアに紹介されることはあっても、スペアパーツの倉庫が脚光を浴びることは皆無に近いはずです。

棚卸し作業として有効なのは、まず自社と顧客をつなぐデリバリーとリカバリーのプロセスを洗い直すことです。そして、自社の信頼を実際に守っているのは誰で、どんな仕組みなのかを確認し、この先もそれを守り続けられるのかを検討します。これは極めてアナログな作業であり、「デジタルトランスフォーメーションごっこ」とは真逆の営みです。しかし、いったん作業が終われば、デリバリーとリカバリーのプロセスをデジタルツールで強化することは可能でしょう。要は手順前後を避ければよいのです。

１９８０年代にＰＣが普及し始めると、ビジネス誌はＭＩＳ（マネジメント・インフォメーション・システム）の話題一色に染まりました。自室に居ながらにして、役員は経営判断に必要な情報を目の前のディスプレーに瞬時に呼び出せるようになる。そんな未来が真剣に議論の対象となったのです。その一部は経営コックピットとしてＧＥのような巨大企業が実現するに至りましたが、５Ｇの時代が来るというのに、いまだＭＩＳは霞の向こうに鎮座したままです。経営判断の拠り所となる計数管理や予実管理に登場する項目も、１９８０年と大きく変わっていません。デジタル革命を生き延びるには、経理情報の電子化以上に、企業活動全域にわたるアクティビティの計測が避けて通れないのだと思います。

第2章

デジタルが変える競争優位と経営戦略

(1)デジタルが競争優位を変える

■「ウィズダム(叡智)」が競争優位を生み出す時代へ

あらゆる産業でビジネスの「デジタル化」の必要性が叫ばれている現在、何かを始めなければと、デジタルに関する取り組みを急ぐ企業が増えるのは当然の流れです。しかし「どこで戦うか」もしくは「誰にどんな新しい価値を提供するか」という事業立地の構想を持たずに、RPA、ビッグデータ、AIなどを活用した個別のデジタルプロジェクトに取り組むだけでは、残念ながら持続可能なビジネスモデルは構築できません。

第1章では、従来の競争優位が失われるなかで既存の大企業がどのように価値を出していくべきかを三品和広先生に語っていただきました。ここで明らかになったのは、デジタルエコノミーが進展する世界で、既存の大企業が持続可能な事業立地を開拓するためには、「信頼」という自らの強みを再確認したうえで、デジタルのパワーを使いこなさねばならないということです。

本章以降では、さまざまな企業のデジタル化をサポートしてきた実務者として、デジタルエコノミー以前に一定の市場を確保してきた既存企業が、価値を創出していくために最も力を入れて取り組むべきことは何か、どこからどう変革すべきか、という方法をお伝えしたいと考えています。結論からいうと、それは信頼を資本と捉えデジタルを活用した「顧客への価値提供」を起点にしたマネジメントへの転換です。製造業における「モノづくりでの競争優位」、流通業における「モノの大量販売での競争優位」、サービス業における「マス顧客獲得での競争優位」などをベースにした従来の経営戦略から、根本的に考え方を転換することがすべての産業において求められているのです。

モノの大量生産や大量販売による規模の経済が、競争優位を失いつつあるいま、GAFA（グーグル、アップル、フェイスブック、アマゾン）に代表される巨大IT企業が以前とは異なる経済原理のもとで覇権を握るようになりました。これらの企業は、より多くのデータを蓄積・分析するほど不確実性をよりビジネス機会に変えることができる「データ学習の経済」と、ネットワークにつながる人が多ければ多いほど優位性が得られる「ネットワークの経済」とを創造したのです。しかし、そのパワーも永遠に続くわけではありません。製品・サービスはもちろん、それらの提供プロセスを含む経済活動すべてのデジタル化が進むこれからの世界には、さらに新しい経済原理が発動します。それがエコノミー・オブ・ウィズダムです。

エコノミー・オブ・ウィズダムとは、デジタルを活用して、新たな価値を創出する企業が、発展・成長していく世界です。現在、AIやIoT、クラウドといった新時代のテクノロジー群が、人間が得られる知見の量と質を塗り替えました。そして、さまざまなモノやコトがデジタル化(コネクト化、データ化、アルゴリズム化)されることで、時間や距離の制約、物理的なボトルネック、さらには人間の認知能力の制約までもが取り払われつつあります。テクノロジーと分かちがたく結びついた新時代の叡智(ウィズダム)は、膨大かつリアルタイムで、異分野とやすやすとつながり、環境の変化にともなって変化する「動的な知」です。こうしたウィズダムを縦横無尽に使いこなし、ビジネスを変革する力こそが、エコノミー・オブ・ウィズダムにおけるイノベーションの源泉であると私は考えています。そして、既存の大企業が今後も優位性を持ち続けるためには、すでに手にしている「信頼」という大きな強みに、新たな武器としてのウィズダムを掛け合わせる経営戦略が必要不可欠なのです。

■デジタルエコノミーの三つのドライバーと失われる大企業の競争優位

信頼とデジタルを掛け合わせた経営戦略を語る前に、デジタルによって既存企業を取り巻く環境がどのように変化しているかを確認しておきましょう。

デジタルが大きな影響をおよぼす世界では、経済活動を特定の方向にドライブしていく、抗うことのできない力が働きます。私はこれを「デジタルエコノミーの三つのドライバー」と定義づけています。このドライバーが現在、ビジネス環境を大きく変容させ、特に既存の大企業の優位性を無効化する要因となっています。その状況についてご説明します。

①あらゆるところに市場をつくり出す

第一のドライバーは「あらゆるところに市場をつくり出す」というものです。ビジネスのプロセスにおいては、売買の対象となる財・サービスそのもののコスト以外に財・サービスを取引できる形に定義する、取引相手を探す、交渉する、届ける、決済するといったコスト、いわゆる「取引コスト」が発生します。ところが、インターネット上のプラットフォームが多様化した現在、世界中どこにいてもあらゆる取引が容易となり、こうしたコストが劇的に抑えられるようになっています。

たとえばウーバーなら、スマートフォンを介して位置情報を交換すればドライバーとユーザーが簡単に相互探索でき、レーティング情報をもとに交渉を進め、クレジットカードで一瞬のうちに決済できます。エアビーアンドビーやメルカリも同じ構造です。デジタルが取引コストを圧倒的に引き下げたことで、これまで取引されることのなかった少額の財・サービスが市場に投下され、さらには個人と個人の取引も可能になりました。

〈無効化される既存の大企業の競争優位〉

デジタルが取引市場を拡大することで、消費者はどんな情報でもすぐに得られるようになり、またさまざまな財・サービスを直接購入できるようになります。すると、大企業の持つブランド力、流通チャネルの掌握力、大量・低価格での購買力や販売力など、大企業の保有していた競争優位は無効化されていきます。つまり、これまで大企業が長い時間をかけ、多くの取引先を巻き込んで築き上げてきた製造・販売・調達をつなぐバリューチェーンの優位性が損なわれるということです。それは人材や資金調達の面でも同様です。実績や知名度のないベンチャー企業でも、事業内容に魅力があれば、パフォーマンスレベルの高い人材を人材市場から獲得でき、ベンチャーキャピタルから大きな資金調達も可能となります。規模の小さい企業でもアイデア一つでデジタルの取引市場を活用して大きなビジネスを展開できるようになったのはこうしたことが背景にあるのです。第1章で三品先生が整理された大企業衰退の要因のなかでも「①大企業のスピードの低下」や「②競争優位を無効化するアンバンドリング」は、まさにこの第一のドライバーが引き起こすものです。

②不確実性をビジネスチャンスに変える

デジタルエコノミー第二のドライバーは「不確実性をビジネスチャンスに変える」です。これまで、ビジネスには不確実性がつきものでした。そのため、欠品リスクを避けるために在庫を多めに持ったり、回収リスクが高い債権に高い利率を設定したりといったリスクヘッジが当然のように許容されていました。しかし、デジタルテクノロジーによる高精度の予測技術が、不確実性を解消し、リスクをビジネスチャンスに変えられるのです。たとえば、ネット上の取引データを蓄積・分析することで、貸し倒れリスクを抑えながら適切な利率で貸付サービスを展開するトランザクション・レンディングや、自動車の運転データなどを送受信する「テレマティクス」を活用した自動車保険サービスなどは、このドライバーを活用して生まれたサービスといえます。

〈無効化される既存の大企業の競争優位〉

大企業は、長い年月をかけて不確実性に対応する体力や余裕、ノウハウやデータを蓄積してきています。しかしながら、データを分析することにより不確実性を最小化できるようになると、たとえ小さな企業であっても、顧客現場・取引現場・製造現場などで発生する情報を直接収集・分析し、それらに基づいて行動できる組織能力を持った企業こそが競争優位を獲得するのです。

不確実性の少ない世界では大企業の組織内取引が必ずしも優位でないのです。

また第二のドライバーも、三品先生の挙げられている大企業衰退の要因「①大企業のスピードの低下」および「②競争優位を無効化するアンバンドリング」を引き起こすのです。

③デジタルが新たな製品・サービスの原材料になる

最後となる第三のドライバーは「新たな製品・サービスの原材料になる」です。これまで、製品の原材料といえば鉄や紙、シリコンといったリアルな物質でしたが、そこにソフトウェアやデータという新しい材料が加わることで、モノの概念が大きく変化しています。たとえば「コネクティッドカー」です。米国テスラのＥＶを購入した顧客は、わざわざ車体を買い替えなくてもインターネットを通じてソフトウェアをアップデートするだけで、最新機能による新たな移動体験が楽しめます。いっぽうでこの走行データはソフトウェアのレベルアップに活用され、顧客に提供されます。こうした循環によって、製品が顧客に提供し得る価値を継続的に高めていくことが可能となります。

〈無効化される既存の大企業の競争優位〉

かつて、高品質なハードウェアを低コストで実現する設計・製造能力や、多品種少量生産に対応できるリーンな生産体制は、一定の企業規模がなければ実現が難しいものでした。これが大企業の競争優位となっていたわけです。しかし、製品にソフトウェアが組み込まれ、その品質がハードウェアの価値を左右するようになったいま、モノづくりには製造業にない新たなノウハウが求められるようになっています。

大量の製品を効率よく生み出せる設備ではなく、高度かつ多様なソフトウェアエンジニアリングが競争優位につながる状況下では、これまでの大企業の強みは発揮しにくい状況となっています。ハードウェア、電子部品、ソフトウェアを統合して製品を設計する能力があり、さらにそれらを組み合わせて顧客体験を総合的にデザインする力があれば、規模が小さな企業でも大きな市場を形成できることはまさにテスラが証明していま す。三品先生が指摘する大企業衰退の要因のうち「③テクノロジーの民主化」は、この第三のドライバーが引き起こすのです。

■大企業の強みを生かしたデジタル化に必要なこと

デジタルエコノミーの三つのドライバーが、規模の経済原理によって培われた既存の大企業の競争優位を無効化する構造を説明してきました（図表2-1）。これは、第1章で三品先生が解説されていることと重なります（図表2-2）。そしてその構造通りに、

図表2-1　無効化される既存大企業の競争優位

既存大企業の競争優位	デジタルエコノミーのドライバー	ベンチャーなどのデジタル活用	デジタルエコノミーにおける新たな競争優位
・大量調達による購買力 ・大量生産・販売による価格競争力 ・マス広告・流通チャネルによる販売力 ・長期取引に基づくブランド ・調達・生産・販売の統合バリューチェーン ・信用に基づく資金調達力	デジタルがあらゆるところに市場をつくり出す	・ECなど、デジタルでの市場取引を拡大。ニッチな需要に対応（マス広告の影響力低下） ・レーティングの活用（ブランドの相対的低下） ・外部のプラットフォームを活用してバリューチェーンを構築 ・市場など、さまざまな手段で資金・人材を調達	・より上位（高度、複雑、長期）の課題を解決できる製品・サービスの開発力 ・グローバルで競争優位のある圧倒的な価格競争力
・規模を生かした市場変化への対応力 ・高度な人材 ・蓄積されたノウハウ ・社会的信用 ・長期的視点・ポートフォリオに基づく投資、R&D	デジタルが不確実性をビジネスチャンスに変える	・データ活用により、予測精度を向上（バッファが不要。規模のメリットの相対的低下） ・データに基づく即時のアクションと継続的学習（蓄積されたノウハウの無効化） ・設備を所有ではなく利用し、柔軟・迅速に拡大	・現場（顧客、取引、製造）からのデータ収集能力と、データ分析能力 ・データに基づき組織・現場を変革できる適応力
・高品質・低コストの設計・製造能力（大量生産から多品種少量生産まで対応） ・品質管理・改善力 ・取引先ネットワークと、長期的関係に基づく連携ノウハウ	デジタルが新たな製品・サービスの原材料になる	・ソフトウェアを組み込み、パーソナライズやアップデート可能な製品・サービスを提供	・デザインとエンジニアリングを統合した製品・サービスの開発力 ・ソフトウェアの実装力 ・フィードバックループを回す仕組みの構築力

図表2-2　デジタルの四つの領域と三つのドライバー

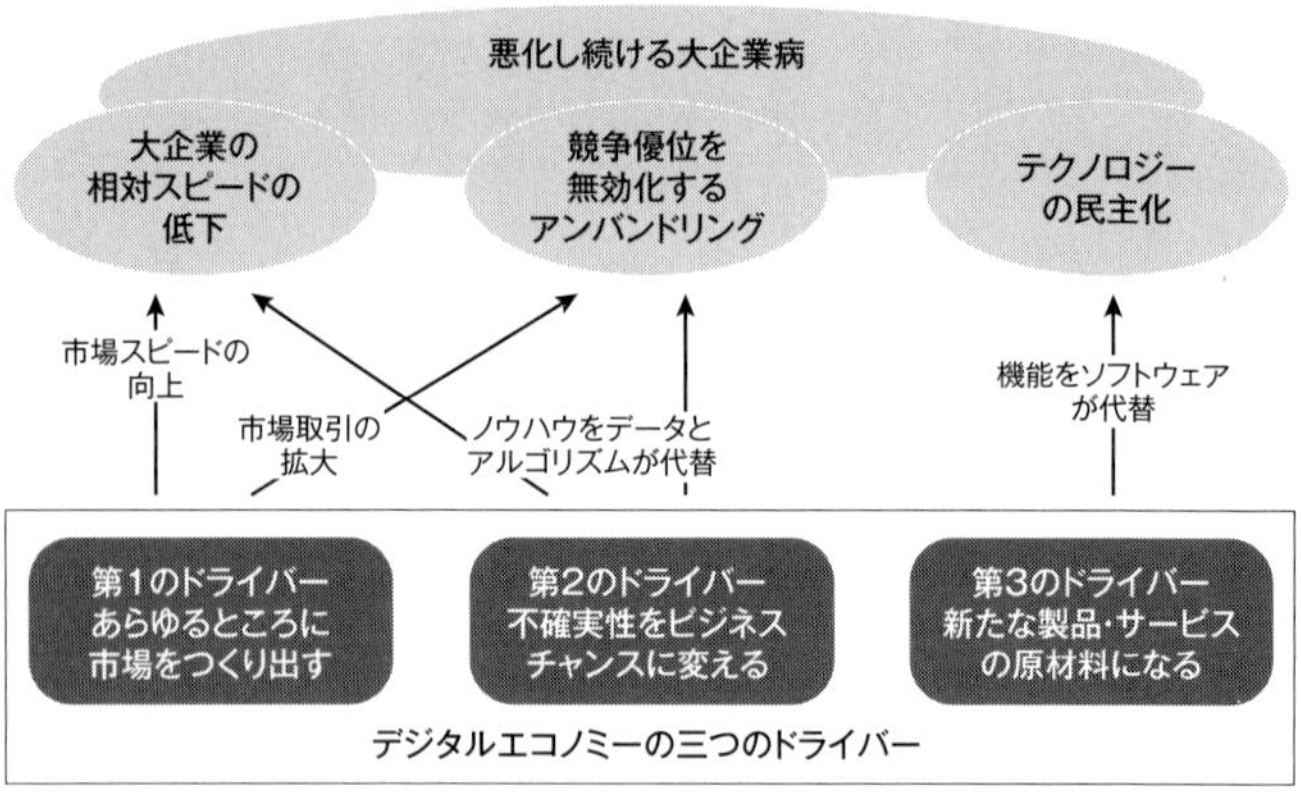

アマゾン、ネットフリックス、インディードといった新たな時代に適応したベンチャー企業が、さまざまな業界で覇権を握る大きな存在になっています。

　こうしたディスラプターから直接の侵攻を受けていない企業は、その危機をまだ実感できないかもしれません。しかし、この流れは業界を選びません。デジタル技術はいままでの技術とは異なり、多くのコストも時間もかけずに他の機能と連携した拡大や再生産ができるという特徴があるため、あっという間に経済に普及・浸透し、気づいたときには手遅れになっていることがあります。新しいプレイヤーが登場し、新たな価値を創出していくことは経済全体にはよいことですが、既存の大企業が特定の領域で環境変化に対応できずに衰退してしまえば、既存の大企業が提供してきた価値までも失われてしまいます。既存の大企業がデジタルエコノミーのなかで再び成長していくためには、モノの大量販売やモノづくりの競争優位を前提とした経営から脱却し、デジタルを活用した新しい経営が求められます。

(2) 顧客価値リ・インベンション戦略

■顧客価値のリ・インベンション

前置きはそれぐらいにして戦略論に入りましょう。前述したデジタルエコノミーの三つのドライバーがもたらす影響は、今後もますます強まっていくと見て間違いありません。この新たな環境に、企業はどう対応すべきでしょうか。

本書の共著者である三品和広先生は、数多くの企業研究を通じて、ビジネスの成功のために最も重要なファクターは、同じ市場で戦う競合に対する差別的優位性の構築ではなく、いかに「事業立地」を構築するかであることを鋭く見抜きました。事業立地とは「何を売るか」「誰に売るか」の組み合わせで定義される概念です。事業の命運は、時流に合った立地選択ができるかどうかにかかっているのです。そもそもビジネスの要諦は、求めている人に求めている価値を提供することにあるのですから、「事業立地」を適切に見定めることは、いつの時代でも経営者の第一の務めです。同時に大切なのは、時機を見ながらその立地を臨機応変に変えていくこと。そして、価値提供を実現するための能力と体制（構え）を保持し、持続可能なビジネスモデルを策定・実行することです。現在のように時代が大きく変化しているタイミングにおいては、まさに「顧客に提供する価値」をリ・インベンション（再発明）し、新たな事業立地を築くことこそがビジネスの最優先事項なのです。

問題は、デジタルエコノミーが進展する環境下における顧客価値のリ・インベンションはどのように進めるべきか、ということです。具体的な方策を、デジタルエコノミーの三つのドライバーに紐づけながら考えてみましょう。

第一のドライバー「デジタルがあらゆるところに市場をつくり出す」は、デジタルで定義できるあらゆる財・サービスの市場取引を可能にします。購入したい人と販売したい人がダイレクトに市場取引できる世界の出現です。これを顧客側から見れば、ありとあらゆるもののなかから自分にとって最適な財・サービスを自由に選べる環境の実現、つまり大幅な選択肢の拡大を意味します。これは供給者側も同様で、独自の流通チャネルを持たない新興企業でも容易に市場に参入できるようになるのですから大幅なチャンスの拡大です。

しかしこの状況を既存の大企業側から見れば、かつてないほどの熾烈な競争を意味します。この過当競争のなかで企業が利益を出して生き残るには、顧客から選ばれ続ける財・サービスを提供するほかありません。その実現のためにはさまざまな方法が考えられると思いますが、私が本書で提案したいのは、自社の顧客は誰か、その顧客にどのような価値を提供していくかという根源にさかのぼる方法です。そして、第1章で三品先生が既存の大企業の強みとして言及された「信頼」と、その源泉となるデリバリー力やリカバリー力にウィズダムを融合させ、顧客へ提供する価値そのものをリ・インベンションするのです。既存の強みと新たな武器を組み合わせれば、これまで不可能だったような深いレベルで顧客の課題に向き合うことができるようになり、より適切なソリューションを継続的に提供できるようになります。それを目指して自社の構えを変え、より高いレベルで「顧客の困りごと解決」に取り組んでいくのです。

ここで忘れてならないのは、現在の自社の商品やサービスの価値ありきではなく、あくまで顧客を起点にしてリ・インベンションに取り組むことです。「顧客が商品やサービスを利用することで本当に解決しようとしている課題は何か」に着目し、そこから新たに商品やサービスを設計し、ふさわしいタイミングで、ふさわしい量だけ提供する構えを実現するのです。さらに、顧客が自社の商品やサービスを使えば使うほど価値（満足度）が上がり、もはや他社の商品やサービスを使いたいと思わなくなるような「継続的に顧客から選ばれ続ける仕組み」を埋め込むことも重要です。

これまでのマーケティングにおいては、顧客の購買行動にのみ注目し、売上アップのためにいかに顧客に認知してもらうか（Attention）、興味を持ってもらうか（Interest）、欲しいと思ってもらうか（Desire）、記憶してもらうか（Memory）、購入行動をとってもらうか（Action）にばかり注意が向かっていました（ＡＩＤＭＡ＝アイドマ）。インターネットの普及にともない、これに検索（Search）やシェア（Share）という要素も加わった新たなセオリーが生まれましたが（ＡＩＳＡＳ＝アイサス）、これも購買と新規顧客の誘引という観点に閉じており、顧客体験全体を捉え直すという視点が欠けています。

図表2-3　顧客体験全体を捉え直す

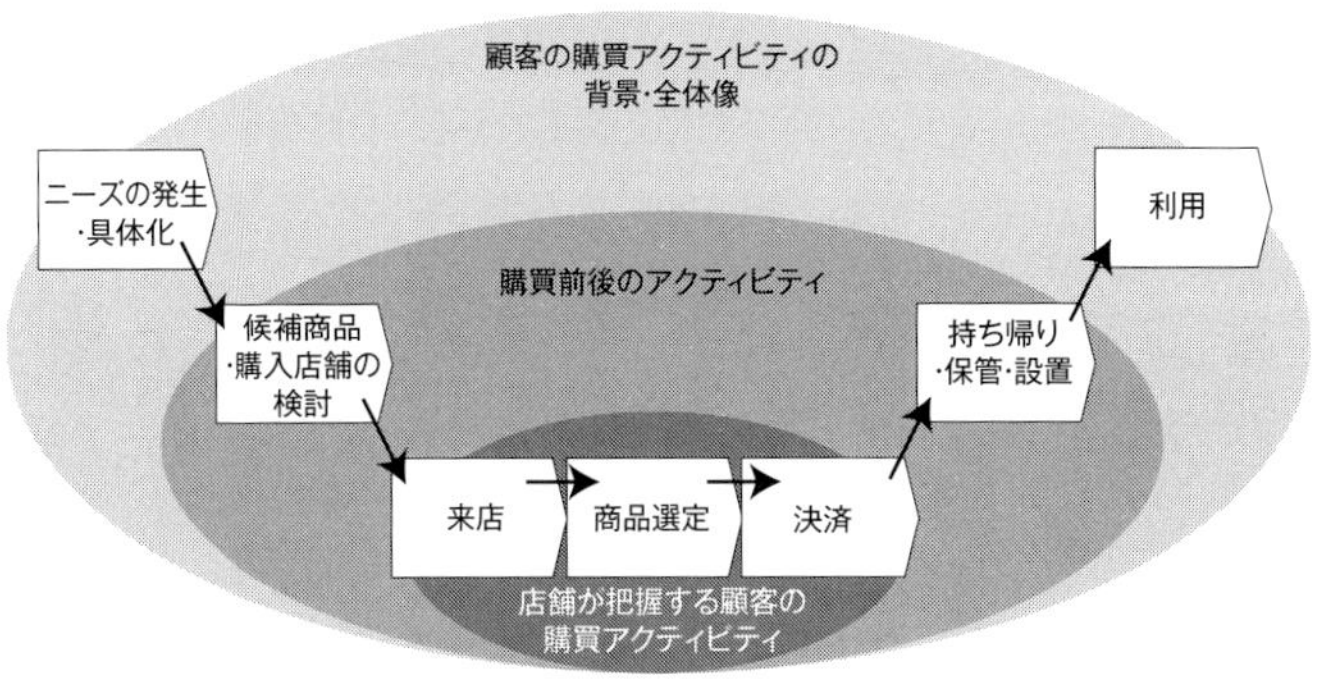

しかし、デジタルを活用すればさまざまな制約がなくなり、顧客が購入する真の課題（ジョブ）を把握しやすくなります（図表２‐３）。いまこそ、より視野を広げ、購買の先にある顧客の真の課題に注目すべきなのです。

たとえば自動車業界で起きているように、大半の顧客にとって自動車を保有することは真の目的ではなく、好きなときに快適に移動したいことを真の目的と考えると「移動をサービス」として提供すること（ＭａａＳ：Mobility as a service）が、顧客の課題を解決する手段になります。

デジタルエコノミーにおける三つのドライバーは強力で、決して抗うことはできません。しかし、反対にそれをうまく使いこなせば、自社の戦略実行を加速させることができます。

たとえば、第一のドライバー「デジタルがあらゆるところに市場をつくり出す」について言えば、このドライバーを生かし、可能な限り調達等について市場取引を活用すること、また社内プロセスをデジタル化することにより、既存大企業のスピードの低下を防ぐことができます。つまり、市場取引のスピードを既存大企業のプロセスに取り込むのです。

次に、第二のドライバー「デジタルが不確実性をビジネスチャンスに変える」は、顧客の真の課題把握を容易にし、顧客から選ばれ続ける財・サービスを提供するための大きな助けになります。顧客個人を掘り下げた「深いデータ」と、類似の顧客から収集した「広いデータ」を掛け合わせて分析すれば、多様な顧客の嗜好や将来の行動といった企業にとっての不確実性を低減し、顧客一人ひとりのこだわりやニーズを正確に浮かび上がらせることが可能になります。そして、企業が顧客とのつきあいを深めれば深めるほど、より顧客にフィットした財・サービスを提供できる可能性が高まります。データ活用をさらに進めて、顧客の需要が「どこで」「何のために」発生するかを推定できるようになれば、さらに深いソリューション提供が可能になるでしょう。

第三のドライバー「デジタルが新たな製品・サービスの原材料になる」によって、財・サービスのカスタマイズが柔軟にできるようになっていることを活用すれば、顧客の困りごとをきめ細かく解決できる可能性が高まります。デジタルを活用すれば、顧客の利用データの蓄積から顧客が求めるものを深く学習できますし、製品に組み込んだソフトウェアを介して他の製品・サービスと結合させれば、よりフレキシブルに顧客課題解決に取り組むことができます。

顧客価値のリ・インベンションは、現在の事業立地にこだわり、競合他社に対する優位性の獲得に腐心している限り不可能です。デジタルエコノミーが、多くの企業が拠って立つ事業立地そのものを地盤沈下させるなか、こうした競争に自ら巻き込まれるようなことにならないよう、現実に求められている顧客課題にフォーカスし、顧客に提供する価値を変えていくことこそが大切なのです。

そのために、投資と組織変革が必要なことはもちろんですが、手をつけやすい場所から闇雲にデジタルを適用していくようなやり方では、新たな事業立地に到達する前に、現在の立地がすっかり沈んでしまうことになりかねません。目的地へ最短距離でたどり着くための地図とコンパスとして、デジタルエコノミーという現実に即したものの見方や考え方、打つ手や備えを判断することができるウィズダムは必要不可欠です。

■顧客価値リ・インベンション戦略① 顧客の真の課題を解決する

顧客の真の課題を解決するために、顧客との信頼関係に基づき、デジタルを活用した継続的な学びから新たな提供価値を発明し続け、顧客の活動を引き受けながら提供し続けていく。これが、私の考える顧客価値リ・インベンション戦略です。

ただし、これは「デジタル」という要素を外せば、何ら新しい要素はなく、むしろ古風な商いに近い戦略です。たとえば、百貨店の外商を思い浮かべてみてください。老舗の百貨店では、時には何世代にもわたる長いつきあいを通じて顧客との信頼関係を育み、お得意さまの嗜好を熟知した外商担当者が、好みにフィットした商品やサービスの情報を携えて自宅まで訪問します。そして、家族構成や社交関係まで把握したうえで、生活をより豊かにすべくタイムリーな提案を行い、関係性の深化に比例するようにウォレットシェアを獲得しています。

圧倒的なホスピタリティが数々の伝説を生み出している高級ホテル、ザ・リッツ・カールトンの顧客への向き合い方も同様です。リッツのホテルマンは顧客自身すら気づいていない潜在的なニーズに先回りし、一人ひとりに深く刺さるもてなしを先手先手で繰り出し、顧客の深い感動を生み出しています。顧客を一人ひとりの名前で認識し、信頼関係を構築し、つきあいが深まるほどにサービスを洗練させてゆくそのプロセスは、まさに顧客価値のリ・インベンションと呼ぶにふさわしいでしょう。このような、ある種クラシックな企業と顧客の関係性構築こそが、既存の大企業が「信頼」という強みを元手にしてデジタルエコノミー時代を生き抜いていくための最適解ではないか、と私は考えているのです。

常に顧客の視点に立ち、パーソナルな課題解決にぴったりと寄り添ってくれる右記のようなプレミアムなサービスは、大きな顧客満足を生み出します。ただしこれまで、こうした戦略の成否は、特別なトレーニングを受けた人材の経験や能力などの個人的資質に負うところが大きく、成果を着実に上げようとすれば、顧客の増加に比例してコストもリニアに上がっていました。そのため、ある種の高額な財・サービスを扱う業態や、一部のロイヤルカスタマーにしか適用できないという制約が存在しました。提供対象を広げればたちまち売上額とコストのバランスが崩れ、サービスが維持できなくなってし

図表2-4　デジタルによるプレミアムサービスの対象

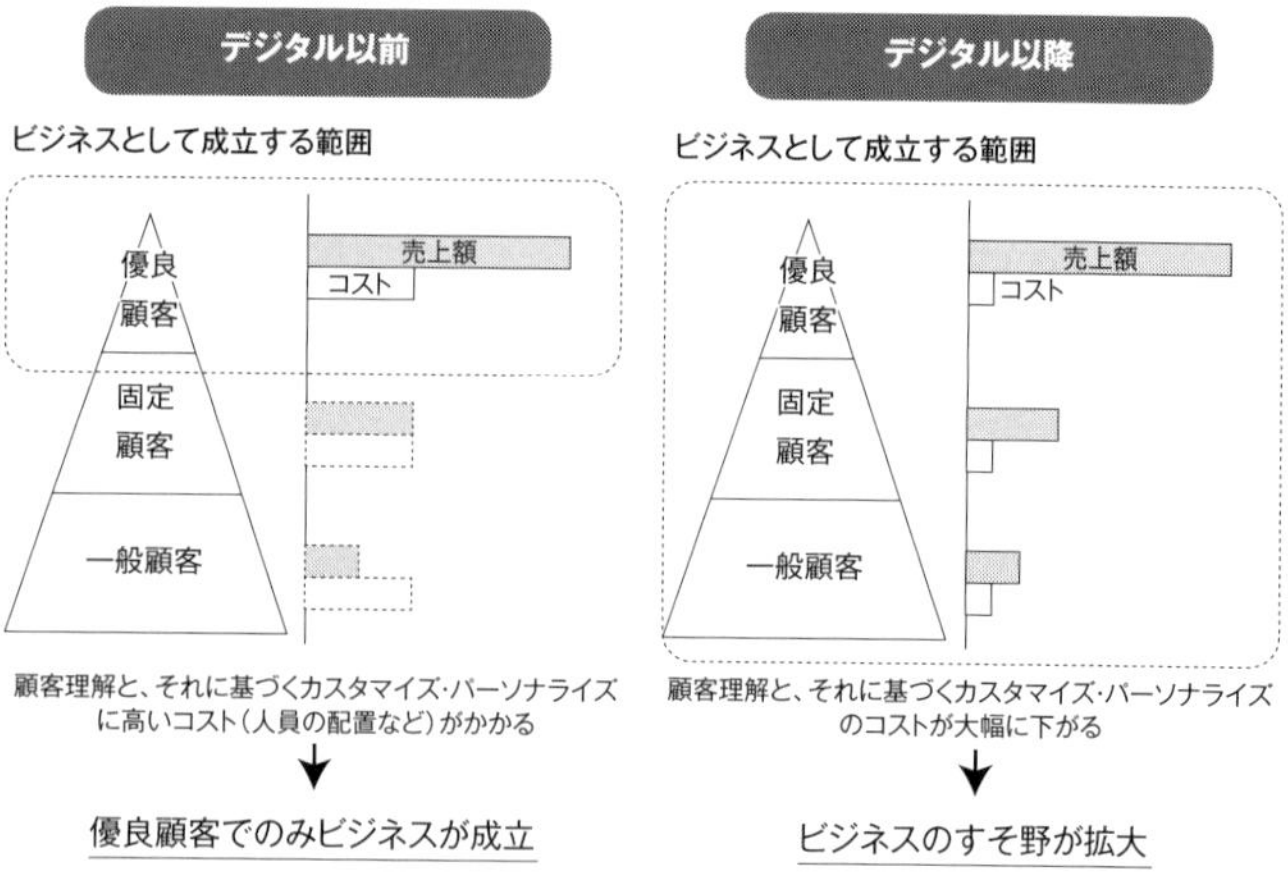

まうのです。しかし、顧客といつでもつながり、顧客にタイムリーに情報提供やサービスを提供できる昨今のデジタルテクノロジーを活用すれば、属人的な資質に頼ることなく、より広い範囲の顧客のそれぞれに深くアプローチすることが可能になるのです（図表2-4）。

インターネットを通じて顧客との直接取引が可能になったことで、契約や決済だけでなく、取引に至るまでの情報提供といったビフォアサービス、取引後の不具合などを解消するアフターサービスもネット経由で安価にかつ継続的に行えるようになりました。そもそも顧客がなぜ商品やサービスを購入するかといえば、それによって便益を得る、あるいは課題を解決するためであり、商品購入そのものが最終目的ではありません。しかし、従来型の「売り切りモデル」では、どうしても商品購入がゴールになってしまい、ほとんどの場合、顧客が本当に課題を解決できた瞬間には企業は関与できません。しかしデジタルの力を借りれば、顧客の課題解決を見届け、優れたカスタマーエクスペリエンスを提供できる機会が広がります。範囲が限定されていた百貨店の外商式のサービスを、ビジネスとしてスケールしやすくなるのです。また、今後社会の高齢化が進み、２０３６年には国内の65歳以上の人口が総人口の33・３％、２０６５年には38・４％へ増加すると予測されています。このように高齢者の割合が増えると、高齢者の可処分所得の多さがもたらす所得効果と、体力減退などによる自分で何かを実施することの機会費用が増加することへの代替効果で、パーソナルな課題解決に寄り添うプレミアムサービスの需要はますます増加していくでしょう。デジタル技術によって低コストで実現できるようになるだけでなく、社会的ニーズも高まるのです。

そして、「信頼」で顧客とつながる戦略は、歴史の浅い新興ベンチャーより、長く市場で親しまれ、信頼性を構築してきた歴史ある既存企業にこそ有利です。大企業が自らの強みを基盤にしてデジタルの力を適切に活用し、顧客価値を再創造できれば、継続的な価値向上によって信頼を未来に向けて拡張し、他社が簡単にひっくり返すことのできない盤石な事業立地を築けるのではないでしょうか。

デジタルが広げた市場では、ありとあらゆる財・サービスが顧客の目の前にフラットに並べられ、顧客自身がそれらを納得いくまで見比べることができます。それにもかかわらず、企業が顧客に提供する情報をコントロールしようとしたり、参入障壁をつくろうとしたり、顧客を囲い込む小手先の施策を打ったりすることは、顧客の信頼を失うことにしかなりません。いまこそ「顧客に選ばれ続ける価値を提供する」という原点に戻り、デジタルの活用を前提とした本質的な優位性を築くときなのです。

これは、デジタルを武器に急成長したディスラプターに対抗しうる優位性の根源にもなります。この先でもご説明しますが、現在、デジタル化はさらに加速しています。デジタルと親和性の高い情報処理領域（サイバー領域）のデジタル化をあらかた終え、物理的な「モノ」や「モノのハンドリング」（フィジカル領域）のデジタル化の段階に入っているのです。つまり、既存の大企業のリアルなアセットは、これからのデジタル化において大きな資産になる可能性が高いということです。事実、アマゾンの猛攻を受けたウォルマートは、実店舗という自社の資産を生かしたデジタルとリアルのシームレスなサービスを展開することで勢いを盛り返しています。

ただし、顧客価値を追求するといっても、コスト勝負のような狭い課題解決だけを見ていると、いわゆる「イノベーションのジレンマ」に陥ってしまいます。既存の技術やケイパビリティの延長で考えるのではなく、顧客の真の課題を広い視野で捉え、その解決のためにデジタルを活用し、必要に応じて新たなケイパビリティを獲得しながら、提供する顧客価値を絶えず見直し、向上させていくことが重要です。

デジタル技術を活用した顧客価値のリ・インベンションを進めるにあたって、もう一つ注意すべきポイントがあります。それは、プライバシー情報や顧客データの法的・社会的な取り扱いです。デジタル化の進展にともない、今後はますます個人情報や企業の機密状況の取り扱いに関する法規制が厳しくなるでしょう。もはやデジタルエコノミー黎明期のように野放図なデータ利用はできません。データをビジネスに生かすためには、企業間でデータを共有したり、外部から購入したりするのではなく、自社でサービスを提供し、それに基づいて取得したデータを活用していくことが求められます。そのためには、顧客が自らデータを提供してもよいと思えるほど有益なサービスを提供していかなければなりません。この点に関する世界の動きは、3章末のコラム2【プライバシー規制はどうなるか?】にまとめていますので、参考にしてください。

■顧客価値リ・インベンション戦略② 顧客価値を継続的に向上させる

この戦略では基本的に、デジタルを活用して顧客との接点(時間および回数)を増やすことを志向します。顧客側から見れば、接点が増えるたびに受け取る価値が高まっていくことが実感できなければ、その企業とつきあう意味がありません。つきあいが深まれば深まるほどサービスの質がよくなり、満足度が高まる状態をつくり出さねばならないのです。

顧客が受け取る価値の大きさは、「顧客がこのサービスに支払ってもいいと思える金額(支払い意思額=Willingness to Pay)」で表すことができます。加えて、「顧客にかかるコストを逓減できる」という条件を満たすことができれば利益が拡大します。具体的なイメージを思い描いていただけるように、いくつか事例を紹介しましょう。

たとえば動画配信サービスのネットフリックスは、パーソナライゼーションによる顧客価値向上に取り組む企業の一つです。同社は1999年に、ウェブサイト経由の定額制ＤＶＤレンタルサービス「マーキー・プラン」をスタートしました。昨今のビジネストレンドであるサブスクリプションの先駆けです。このサービスで顧客の支持を得た同社は、提供スタイルが動画配信に切り替わってからも、順調に有料会員数を増やし続け、現在では世界１９０カ国以上、１億８０００万人を超えるに至っています。

このサービスが支持された背景には、利用者を飽きさせないレコメンド機能がありま す。これはいまやサブスクリプション型のコンテンツビジネスには欠かせない機能として知られている通りです。

コンテンツ型のネットビジネスはリアル店舗に比べて在庫リスクがなく、利用者が見たいコンテンツをいつでも提供することができますが、その半面、無尽蔵と形容できるほどの大量のコンテンツから見たいものを探す労力を利用者に強いています。もし、利用者が見たいコンテンツにたどり着けなかったら、あるいはそもそも最初から特に見たいコンテンツもなくふらりと訪れただけだとしたら「私が見たいものはここにはない」と思わせてしまうかもしれません。

そこでネットフリックスは、個人に紐づく詳細な視聴データ（何を見たか、いつ見たか、どこまで見たか、早送りしたか、見返したか、次に何を見たか……）を収集し、それらに検索履歴や視聴評価をあわせて機械学習アルゴリズムを適用し、ランキングや類似性などに基づくレコメンデーションを提供したのです。ユーザーがサービスを使えば使うほどこの学習効果は高まるため、アクセスするたびに異なるレコメンデーションが提供され、利用者を飽きさせません。さらにこれらの視聴データは、同社が年間約150億ドルを投資するといわれているコンテンツ制作にも活用されています。つまり、外部コンテンツに依存しなくても利用者が満足するコンテンツを自社で制作できる仕組みを確立しているのです。

日本企業では、ソニーも同様の努力をしています。同社はかつて売り切りモデルの典型だったテレビ事業で巨額の赤字を出しましたが、プレイステーションやアイボでは、継続的に顧客価値を向上させるモデルで復活を遂げています。2018年に12年ぶりに新モデルが発売されたアイボは、半年で累計12万台を売り上げるヒット商品となりました。新型アイボの最大の特徴は、個体が独自に成長することです。クラウドのAIと常時連携し、データ解析を通じて性格が形成されるため「1体として同じアイボは育たない」というほどのバリエーションを実現しています。接する人間が100人いれば100通りの対応が可能で、ディープラーニングを通じて人の顔を見分けたり、なでられて

図表2-5　顧客接点の回数と、顧客価値／コストの関係

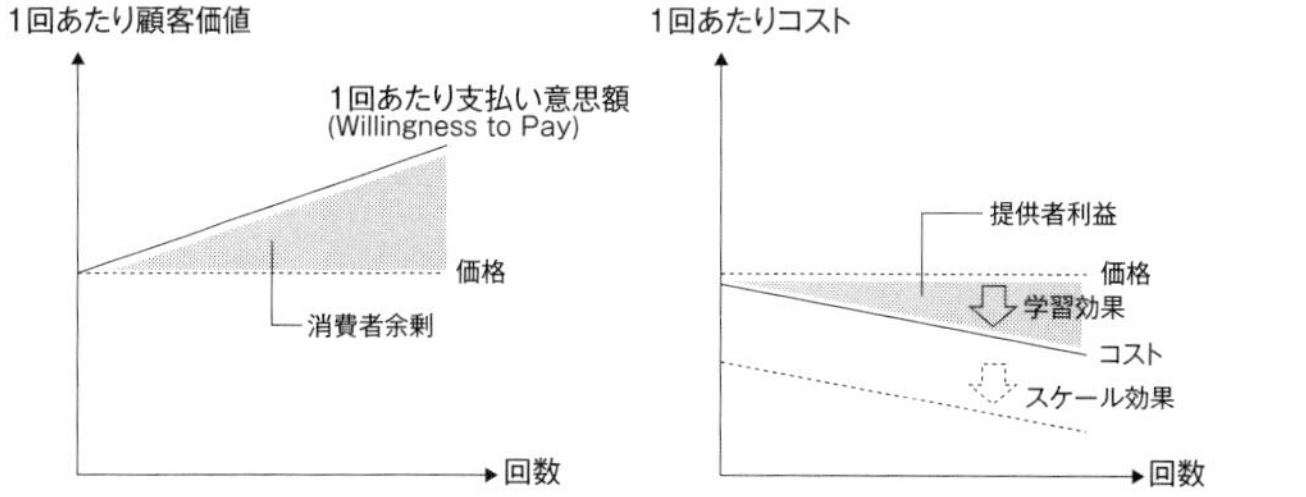

- 顧客へ財・サービスを提供すればするほど、顧客が支払ってもよいと思う金額（支払い意思額）が上がる。
- 財・サービスの価格が一定なら、消費者余剰は増加する。

- 顧客へ財・サービスを提供すればするほど、提供にかかる1回あたりコストが下がり、提供者利益を増加させる。
- 財・サービスを提供するたびに顧客のことを学習するため、1回あたり提供コストを削減できる（学習効果）。
- 多くの顧客に提供することで顧客あたりコストを削減できる（スケール効果）。

いることを認識したりもできるのです。さらに、本物のペット用品と見まがうようなキャリーバッグやおもちゃなどのアクセサリー販売、オーナー同士が交流できるイベントを通じてファン化を促進させています。

■継続的価値向上のための学習

経済学でいう「学習効果」は、企業や工場がモノづくりの経験を積むことで製造コストが下がるというような効率化を指しますが、顧客価値リ・インベンション戦略においては、価値を増幅するタイプの新たな学習効果を生み出さなければなりません。デジタルを活用して顧客接点を増やし、顧客を深く学習すればするほど、

顧客提供価値を上げていくのです。そもそも顧客価値リ・インベンション戦略では、顧客と関わる時間（回数）の増加とともに顧客へ提供する価値を向上させなくてはなりません（図表2-5）。顧客は、何ら価値が向上しない財・サービスには見切りをつけて他の選択肢を選んでしまうからです。だからこそ、つきあいの長さに比例して高い価値が得られる体験を顧客にしっかり与えることができた企業は、その実績を元手に、さらなる信頼と期待感を与えられます。そして顧客は、より満足度の高い財・サービスが提供される未来を確信し、顧客としてとどまり続けることになります。それがBtoCの事業であれば、顧客は時間の経過とともに結婚、子供の誕生、子供の就学といったライフイベントを経験していくため、それらに合わせてプロアクティブに課題解決のサービスを提供していくことができます。

もちろんビジネスを維持していくためには、時間経過とともにコストを逓減させる仕組みづくりも重要です。デジタルをうまく活用すれば、顧客全体で固定費を案分したり、データ分析によって予測精度を上げたりすることで、在庫やアフターサービスといったコストを引き下げることが可能です。デジタル化を進めることは、顧客価値の提供方法を変えるだけでなく、生産、販売、物流のコスト構造を改善し、新たな顧客価値を提供

図表2-6　顧客価値リ・インベンション戦略でのアプローチ

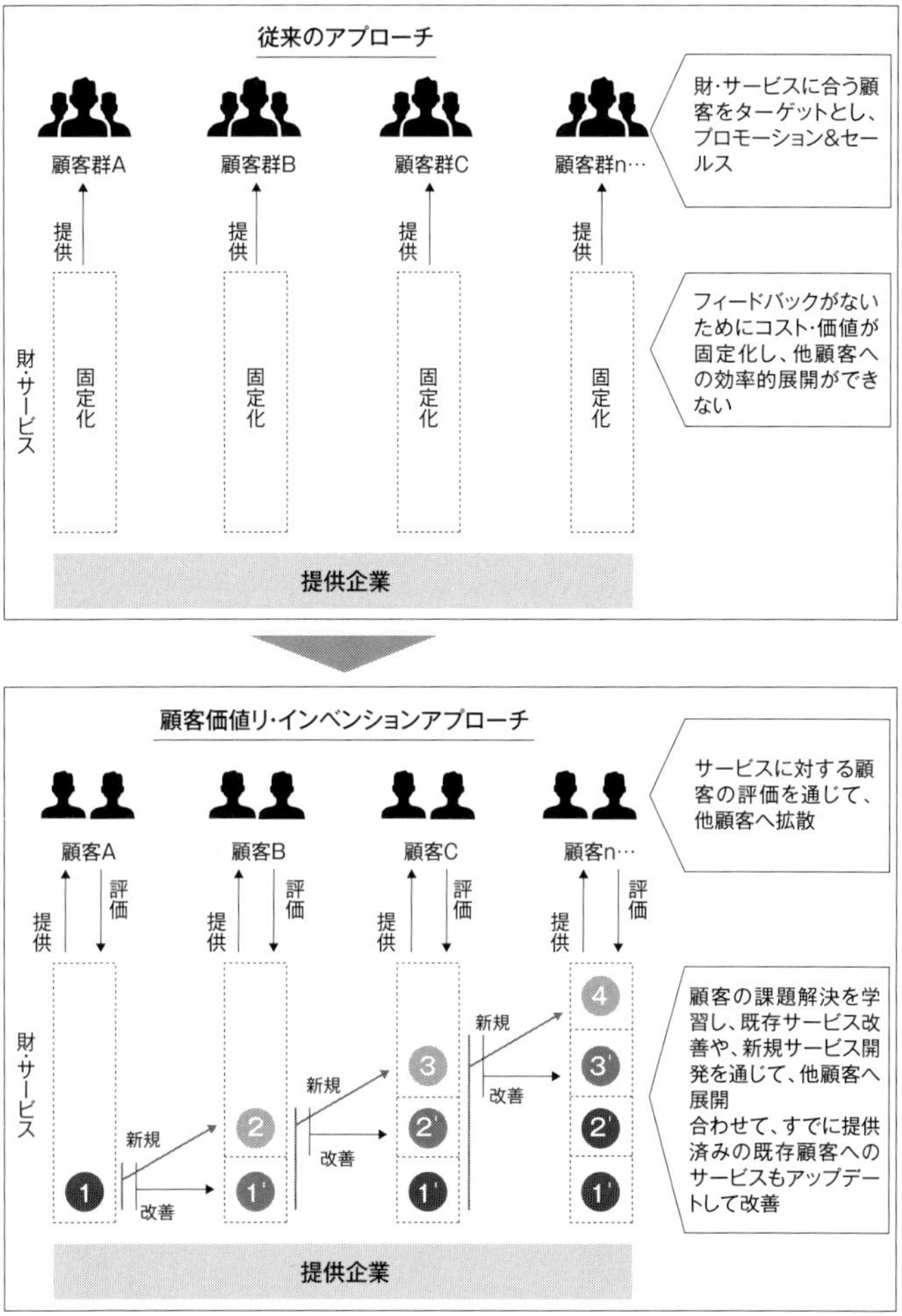

する余力を生み出します。そして、続ければ続けるほどデータが集約され、データからの学習が蓄積され、顧客ごとにより最適化（パーソナライズ）された製品・サービスを提供できるようになります。すると顧客がその製品・サービスを選ぶ理由がより強化され、ロイヤルカスタマー化が促進されます。さらに、顧客層が拡大すればするほどデータの多様性が増し、分析・予測の精度が上がり、顧客の真の課題解決にさらに貢献できるようになる、というプラスのフィードバック効果の向上も期待できるのです。

さらなる事業拡大のためには、ある顧客の課題解決に役立ったソリューションを他の顧客へ展開することも当然考えなければなりません。その際も、デジタルの活用をベースとしたこの戦略なら再利用もカスタマイズもしやすく、大きなコストをかけることなく横展開ができます。また、デジタルエコノミーにおいては、顧客が自ら利用した財・サービスの満足度や評価を自由に発信する場があります。この点でもこの戦略は有利です。顧客価値を継続的に向上させることが顧客からの高評価の発信を生み、さらに新たな顧客の獲得につながる、というように、ビジネスを拡大させる好循環が生まれやすいからです（図表2-6）。

■デジタルエコノミーのさらなる加速

デジタルエコノミー黎明期における「デジタル化」は、主にデジタル化と親和性の高い「取引情報」や、「コンテンツ関連サービス」の分野で進んできました。しかし、それらのデジタル化がひと通り終われば、変革の前線はデジタルとの親和性の低い製品・サービスのデジタル化、あるいは「モノ」を物理的にハンドリングする仕組みのデジタル化に移行します。ロボット、ドローン、スマート倉庫、スマート工場などを活用した物流改革や生産改革をはじめ、既存の大企業のアセットの活用が期待される分野でのデジタル化がますます加速していくのです。

デジタルは、「コネクト化」「データ化」「アルゴリズム化」の技術により構成されます。「コネクト化」においては、これまでは人の判断で接続することが中心でしたが、モノ同士、マシン同士の常時、自律的な接続・連携が可能になります。「データ化」も、スマートフォンのように人が介在するものだけでなく、リアルなモノやコトを、人を介さず多角的、高精細、リアルタイムに「まるごと」データ化できるようになります。「アルゴリズム化」においても、人の意思決定の支援だけでなく、マシンによる自律的な判断や、マシンと人の自然な対話も可能になっていくでしょう。デジタル化はさらに多くのボトルネックを解消していきます。今後のビジネスの打ち手は、こうした観点を押さえたうえで考えなければなりません。

ここまでの議論を踏まえ、次章では、いよいよ顧客価値リ・インベンション戦略を実践するにあたっての方法論を紹介したいと思います。具体的には、デジタルウィズダムを活用し、新たな事業立地を切り開くための観点を七つに整理し、どのようにデジタル化を進めていくべきかを詳細に示します。

コラム 1 COLUMN

デジタルが解消するボトルネック

デジタルエコノミーのドライバーのもととなる「デジタル化」について、もう少し具体的に説明したいと思います。

「デジタル化」は、「コネクト化」「データ化」「アルゴリズム化」の三つによって説明できます。そして、それらは実際のビジネスに存在するさまざまな「制約」を取り払うことを可能にします。「制約」をなくすことで、これまで技術的・コスト的にできなかったものを新しくビジネスとして成立させることや、既存のビジネスのボトルネックを解消し、スループットを上げることを実現するのです。

本論では、デジタルを活用することにより、一部のロイヤルカスタマーに限られていたプレミアムなサービスが、より広い範囲の顧客に提供できるようになる例を述べました。これも、顧客を理解したうえで、個別に最適なものを提供するための各種制約（多くの顧客ニーズを短時間で個別に正しく理解するための人間の認識能力の限界など）をデジタル化により乗り越えたからといえます。

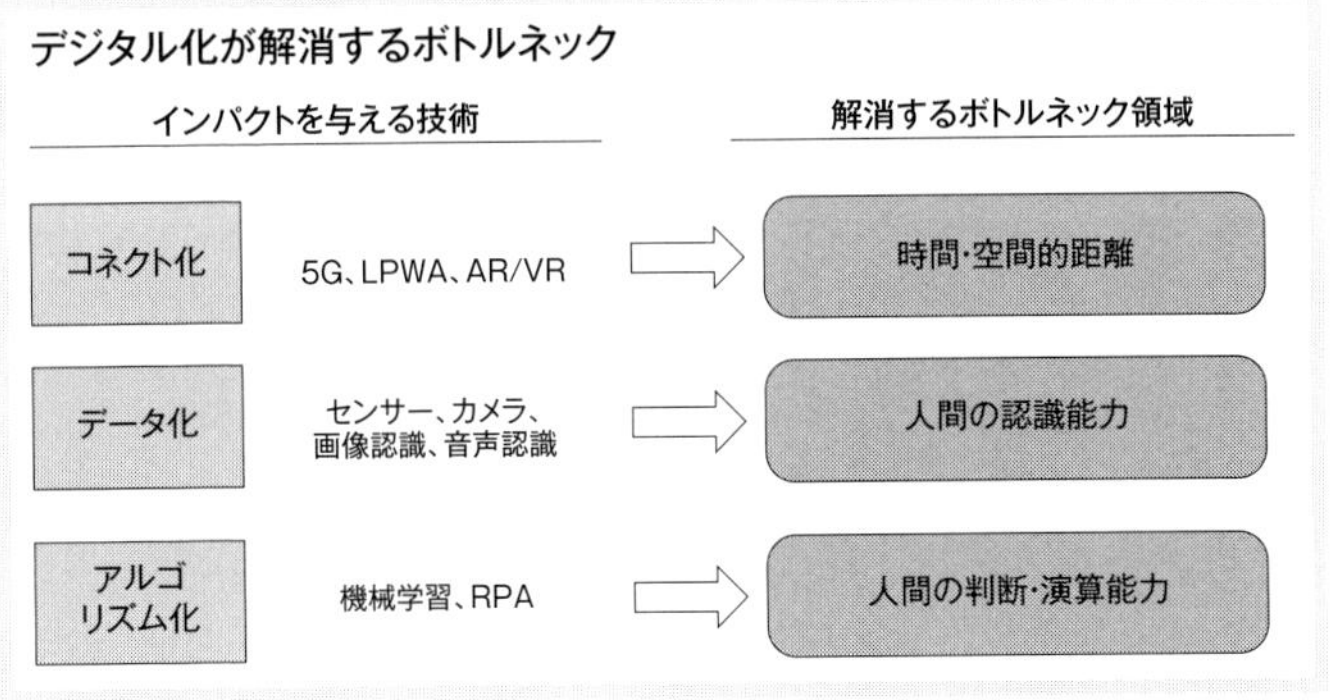

デジタル化が解消するボトルネック
インパクトを与える技術
解消するボトルネック領域
コネクト化
5G、LPWA、AR/VR
時間・空間的距離
データ化
センサー、カメラ、画像認識、音声認識
人間の認識能力
アルゴリズム化
機械学習、RPA
人間の判断・演算能力

それでは、「コネクト化」「データ化」「アルゴリズム化」の裏づけとなる技術群と、それが取り払う制約について、具体的に述べます。

5Gなどのネットワークや VR などの技術による「コネクト化」は、離れた場所でもリアルタイムに高精細なやりとりを可能とし、物理的な移動を不要とすることで「時間・空間的距離の制約」を取り払います。

センサーやカメラ・画像認識などの技術による「データ化」は、現場の人・モノの行動や振る舞いを人手を介することなく低コスト・リアルタイムにデジタルデータとして捉えることを可能にし、これまで人間の目視等で実施してきた仕事を代替・拡張することで「人間の認識能力の制約」を取り払います。

AI／機械学習などの技術による「アルゴリズム化」は、データに基づく演算・予測・判定を、人手を介することなく瞬時に、場合によっては人間よりも高い精度で行うことを可能にし、人間が行っている意思決定を支援もしくは一部代替することで、「人間の判断・演算能力の制約」を取り払います。

わかりやすい例として、Uberのようなライドシェアのビジネスが出現するために、どのような制約が取り払われているのかを考えてみましょう。

かつて、タクシーは乗り手からすれば、すぐに乗車できる空車を見つけるためには周囲を目視するしかありませんでした。これが、GPS等のセンサーによる「データ化」で、人間が目視できる範囲（制約）を超えてタクシーの位置を把握できるようになります。

しかし、それだけでは、乗り手が乗りたいときにリアルタイムに探せるわけではなく、どこにいてもデータへアクセスする手段が必要になります。これを解消したのがスマートフォンとネットワークによる「コネクト化」です。時間・距離的制約なく、乗り手とドライバーが瞬時につながることが可能になりました。

これだけでも十分に大きな価値を生み出していますが、乗り手とドライバーの需要・供給はそれぞれ繁閑があり、需給のミスマッチという課題は残ります。

これを解消する一つの手段が、ダイナミックプライシングによる「アルゴリズム化」です。つまり、AIによって需要・供給の変化を予測し、区域別に価格を変化させてインセンティブを変えることで需要・供給の最適化を図るというものです。人間がその都度計算していてはとても不可能なことを、人間の判断能力の制約を超えてデジタルによって低コストかつ瞬時に実現することで可能となった仕組みと言えます。

このようにデジタル技術が各種の制約をなくすことで、ライドシェアという新たな財・サービスが生み出されたわけです。

また、「デジタル化」は、新しい財・サービスを生み出すだけでなく、既存のビジネスのスループットの向上も実現します。スループットを上げるためには、どこかにあるボトルネックを解消する（ボトルネックの原因となる制約を取り払う）必要があります。そして、ボトルネックには、あるところのボトルネックを解消すると次は別のところがボトルネックになるという相対的な特性があるため、絶え間なく解消に取り組む必要があります。

これについて、みなさんにとっても身近なECの事例で説明したいと思います。

かつては小売店まで行かなければならなかったため、商品の購入においては、物理的な移動や時間がボトルネックになっていました。しかし、メーカーや小売などの企業と消費者をオンラインでつないだ（コネクト化）ECの登場により、時間・場所の制約なく、ニッチな商品まで含めてさまざまなものが画面を通じて買えるようになりました。

ECの利用が拡がり、より多くの商品が買えるようになると、次には、消費者が自分にとって最適な商品を選択できないといったボトルネックが新たに生じます。さまざまなものが購入できるようになった半面、画面から得られる限られた情報だけでは、最適な選択が難しくなったのです。そこで、「データ化」「アルゴリズム化」によるレーティングやレコメンドなどが登場し、認識や判断の制約を取り払い、消費者が最良の買い物体験ができるようになりました。

商品選択のボトルネックが解消し、いっそうECの利用が促進されたため、今度は倉庫や物流のオペレーションへとボトルネックが移ってきています。現在はECによる物流への負担が社会問題としてクローズアップされていますが、今後は「アルゴリズム化」によるロボットの普及などが、これを解消していくことと予想されます。

このように「コネクト化」「データ化」「アルゴリズム化」からなる「デジタル化」は、技術によって各種の制約を取り払い、新しい財・サービスを生み出したり、ビジネスのボトルネックを解消したりすることで、大きなビジネス価値を生み出しているのです。

第3章

顧客価値リ・インベンション戦略のフレームワーク

(1)顧客とのバウンダリーを引き直し、新たな立地へ

■アクティビティをデジタル化する

デジタル化の進展は、時間、空間、キャパシティ、各種リソースなど、ビジネスにおいてボトルネックになっていた制約をどんどん取り払いつつあります。デジタルの力によって、企業は顧客を「マス」ではなく「個客」として識別できるようになり、財・サービスの提供方法や、バリューチェーン設計の自由度も飛躍的に高まりました。

つまり、企業はこれまで部分的にしか関与できていなかった顧客課題の解決に、より深くコミットできるようになったのです。そして、この環境は今後さらに進化していきます。デジタルエコノミーが成熟すれば制約はさらに減り、ますます高度な解決方法が提供できるようになります。デジタルの恩恵を最大限に生かすためにも、既存の財・サービスを漸進的に改善するという発想は捨て、変革が成功した未来の姿（ビッグピクチャー）を大胆に描き、理想に向かって成長していくイメージで変革に取り組むことが重

要です。

このような前提に立ち、本章では、デジタルを活用して新たな事業立地を切り開き、企業が真の顧客課題を解決しうる信頼できるパートナーとして成長し続けていくための「構え」を築くフレームワークを、七つの観点に整理しています。

最初の一歩として絶対に避けて通れないのが、「自社の顧客は誰か」「顧客が本当に望んでいることは何か」を真摯に見つめ直すことです。また、忘れてはいけないのは、顧客から現在自社は何をもって評価されているのか、つまり自社の強みを明確化しておくことです。自社の強みを発揮できないサービスでは、競合に勝てないばかりか顧客からの信頼も失いかねません。

そのためには顧客のアクティビティを観察し、それに対して「なぜ?」という問いを繰り返しながら、顧客が解決したい課題(ジョブ)を発見していくプロセスが必要になります。さらに次のステップでは、発見したジョブを起点に、顧客のアクティビティ全体(End-to-end)を見渡し、課題解決のために行われているアクティビティを広く、漏れなく抽出します。

この作業を通じて明らかになるのは、自社がこれまでいかに顧客のジョブに部分的にしか関与できていなかったかという現実です。手間もコストもかかるアクティビティが、まだまだ顧客の手元にたくさん残されているのです。これらをつぶさに検討すれば、企業がデジタル化することで、低コストかつ高クオリティで代行できるアクティビティが必ず見つかります。なかには、すでに他社が担っているアクティビティも見つかるでしょう。しかしこれも、よりよい方法で肩代わりしたり、デジタル化で連動させたりすることで、一括提供する方法があるかもしれません。特に「顧客課題にインパクトを与えるアクティビティ」「提供コストにインパクトを与えるアクティビティ」「自社が顧客から評価されているアクティビティ」に注目し、徹底したデジタル化により、既存のボトルネックの解消、コスト構造の見直しを行わなければなりません。

顧客自身が抱えていたアクティビティを企業のアクティビティとして捉え直すと、何が起こるでしょうか。企業と顧客の間の境界（バウンダリー）が変わり、アクティビティの新たな分担、新たな関係性が生まれます。つまり、新たな事業立地に基づく「構え」が築かれるのです。

アクティビティをデジタル化して企業サイドのものとすれば、企業には、これまでとは比較にならないほど充実した顧客データが集まるようになります。これらを適切なアルゴリズムにかけ、顧客へのアクションをタイムリーに起こせる仕組みを組み込めば、顧客数や利用量が増え、さらなるデータの充実につながり、それが顧客価値向上をもたらすという好循環（ウィズダムループ）が生み出せます。

忘れてはいけないのは、企業と顧客は「顧客の課題を解決する」という共通のミッションのもとに連携しているパートナーであること、つまり「信頼される（さらには信任される）パートナー（トラステッドパートナー）」であるという認識です。両者はパートナーなのですから、課題解決のために必要なアクティビティは、企業と顧客のどちらが担ってもよいのです。重要なのは、顧客価値が最大化する位置にバウンダリーを引き直すことです。いまからお伝えする七つの観点は企業と顧客の関係性が「顧客価値最大、トータルコスト最小」となるものです。組織や体制の変革のヒントになれば幸いです。

(2)トラステッド・パートナーとなるための七つの観点

■観点① 顧客課題(ジョブ)の抽出——提供価値を問い直す

変革のスタートラインは、「自社の顧客」と「顧客が解決したい課題(=自社が提供すべき価値)」を再定義することです。ここでいう顧客とは、今後、自社が継続的に信頼関係を築いていきたい顧客を意味します。この「顧客」を決めるときに大切なことは、顧客の年齢や性別(B to C)、業種や規模(B to B)といった属性ではなく、顧客が重視する項目、すなわちサービスの便益、価格、デリバリースピード、品質、利便性、煩わしさの排除などに注目することです。顧客が明確になれば、自社が提供すべき顧客価値も明確になります。

課題発見のヒントは、既存事業の顧客接点における顧客のアクティビティにあります。まずは顧客が自社との接点でどんなアクティビティを行っているかを見極め、それらのアクティビティがどんなシーンを構成しているかを洞察し、さらにそのシーンから導き

図表3-1　ジョブの発見

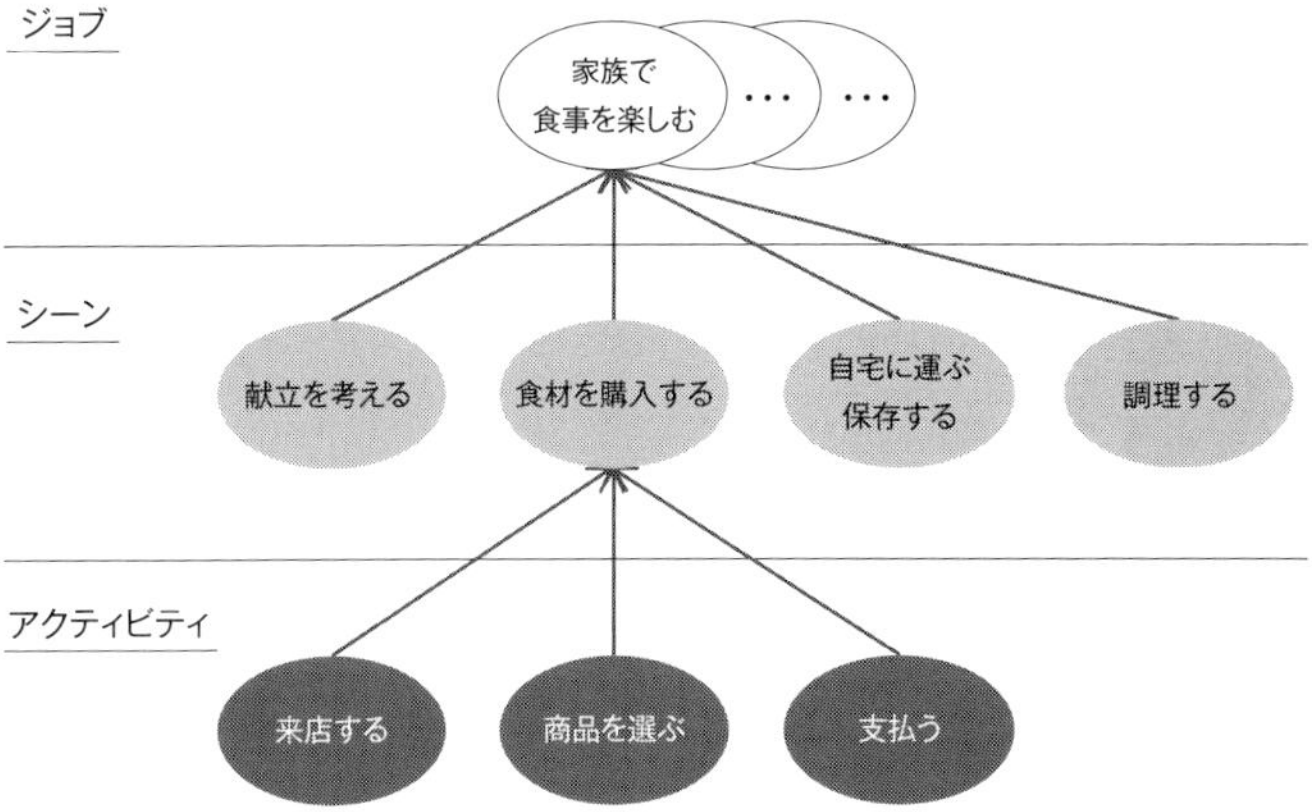

出される顧客課題を浮かび上がらせるのです（図表3‐1）。従来は顧客に提供する財・サービスはその提供プロセスに制約があったため、顧客体験の一部分に対する局所的な顧客課題解決にとどまっていました。デジタル化によって場所や時間、人間の作業能力などの制約が外れ、顧客の課題解決のためのサービスが多様な方法で提供可能となります。また、バリューチェーン構築の自由度が飛躍的に高まるため、解決すべき顧客課題を捉え、柔軟に対応することができるようになります。

そこで解決すべき課題（ジョブ）を把握するためには、アクティビティに対して「なぜ」を繰り返し、課題（ジョブ）を「何をどうしたい」という形で再定義することが重要です。

話をわかりやすくするために、自社をスーパーマーケット、顧客は調理も含め家庭の食事を差配する人と仮定してみましょう。店頭で観察できる顧客のアクティビティには「商品を選ぶ」「支払う」などがあります。これらのアクティビティはすべて「食材を購入する」というシーンを成立させるための要素です。すると、このシーンの上位に「家族で食事を楽しむ」というジョブが見えてきます。

［BtoCにおける消費者の課題］

消費者の目的は、製品・サービス自体の享受ではなく、それらを通じて価値観や嗜好に合った豊かな日常生活や消費体験を実現することです。たとえば消費者の課題（ジョブ）は次のようなものになります。

- 家庭で調理をする人×スーパーでの買い物 → 家族と美味しい夕食を楽しみたい
- 自宅で食事する中高年の夫婦 → 体を健康に保ちたい
- 有給休暇を取得する若手社員 → 気の合った友人と過ごしたい

- ブランド店でショッピングする女性　↓　TPOに合ったおしゃれを楽しみたい
- 外部セミナーに積極的に参加するビジネスパーソン　↓　人脈を広げたい

【BtoBにおける顧客企業の課題】

顧客企業の目的は、最終顧客（顧客の顧客）の課題を解決するために必要なケイパビリティを得て競争優位のある形で提供することです。顧客企業の課題を挙げてみましょう。

- 服飾メーカー　↓　流行に合った服をタイムリーに過不足なく提供したい
- 部品メーカー　↓　取引先のオーダーに対して的確に応えた部品を納品したい
- 家電メーカー　↓　ターゲット顧客の生活を快適にしたい
- インフラ提供企業　↓　サービスを安定的に提供したい

顧客企業は、自分のお客さまに右記のような目的で財・サービスを提供し、提供企業はその目的達成に向けた価値を提供します。バリューチェーンやエコシステムの設計にあたっては、多様な価値観を持つステークホルダー（最終顧客、顧客企業、従業員、ビジネスパートナーなど）に共感しながら、参加者相互の価値提供を促したり、共有範囲を限定したりするなど、デザイン、ビジネス、テクノロジーを統合する「消費者体験」「従業員体験」を重視する視点が必要です。特に忘れられがちなのが「従業員体験」ですが、顧客企業で実際にサービスを利用するのは顧客企業の従業員なので、実は非常に重要な要素です。デジタルネイティブの従業員が「使いやすい」と感じるサービスでなければ選んでもらえないのです。そのため、従業員のアクティビティのなかに、どのような潜在的欲求、手間、煩わしさを抱えているかを常に考慮する必要があります。

■観点②　顧客課題解決に必要なアクティビティの抽出——隠れたニーズを可視化する

ジョブが明確になったら、次はこのジョブを起点に反対方向に掘り下げて、ジョブは他にどんなシーンと結びついているのか、またそのシーンで顧客はどんな行動をとっているのかを洗い直します。さらに、顧客の行動として表れていないものの、課題解決のために本来は必要なアクティビティも発掘してみましょう。それらのアクティビティのなかに、操作が煩わしい、時間がかかりすぎるなどの問題があれば、それを解決するサービスを考えればよいのです。また欠けているアクティビティについては、それを阻んでいる障壁（選択するために十分な比較情報がとれない、商品の情報がわからない、いつ交換すべきなのかわからないなど）を明らかにし、それらを取り除くための新たなサービスを顧客に提供していけばよいのです。

スーパーマーケットの例でいえば「家族で食事を楽しむ」というジョブから掘り下げると「食材を購入する」以外にも「献立を考える」「自宅に運ぶ、保存する」「調理する」といった別のシーンが浮かび上がってきます。さらに「献立を考える」というシーンの下には「冷蔵庫の中身を確認する」「レシピを調べる」といった、自社の顧客接点の観察だけでは見えてこないアクティビティがあることがわかります。これらすべてのアクティビティが、自社で取り組めるかもしれない新たなサービス候補になるのです。

■観点③　新たなアクティビティのデジタル化——提供価値をデザインする

アクティビティが出揃ったら、その一つひとつについて、デジタル化（コネクト化、データ化、アルゴリズム化）が可能かどうかを検討します。そして、デジタル化が可能なアクティビティについては、デジタル化することでどんな制約を取り払えるか、顧客価値がどう上がるか、コストは削減できるかを確認します。

顧客が自分で行っているアクティビティについては、特に「課題解決に直結するアクティビティ」に注目します。また、そのコスト（手間や煩わしさも含む）にも注目し、それらのアクティビティにまつわる顧客の負担をどうすれば減らせるか、また時間を短くできるか、という視点からデジタル化の方法を考えます。それが顧客にしかできないアクティビティでなければ、デジタルをうまく活用することで企業が代替できるでしょう。

また、現在自社が提供しているアクティビティのなかでも、特に注目したいのが「顧客から評価されているアクティビティ」です。デジタル化することで顧客提供価値が上げられるようなら、ぜひ取り組むべきです。顧客から評価されているアクティビティのなかにこそ顧客が真に求めている課題解決のヒントがあり、デジタルと組み合わせることにより、それがさらなる強みになる可能性が高いからです。

顧客が行っていないけれども本来は必要なアクティビティについては、どのタイミングでどのようなサービスを顧客に提供すればよいか、顧客がスムーズに活用するためにどのようなカスタマーエクスペリエンスを実装すべきかを考えます。BtoBでも、サービスを直接利用するのは顧客企業の従業員ですから、従業員の利用体験や満足度に配慮したサービスを提供することが求められます。

スーパーマーケットの例でいえば、栄養バランスがよく、手軽で、家族に喜ばれるレシピを顧客のスマートフォンにタイムリーに提供したり、そのレシピに必要な食材の注文をまとめて受けたり、取り置きできたりするサービスを実施すれば、顧客の時間や距離、リソースなどさまざまな制約を取り払うことができ、顧客価値も高まります。そのため、自社で引き受けるに値する可能性が高いということになります。

■観点④ データと学習メカニズムの特定——進化の仕組みを埋め込む

顧客のアクティビティを企業がデジタル化して巻き取り、新たにサービスとして提供するようになれば、顧客がそのサービスを利用した際のデータもデジタル化されるということです。顧客課題をより高度に解決するためには、顧客から継続的に学ぶ必要がありますから、これらのデータを自動的に取得し、ラーニングが進む仕組みを準備すべき

図表3-2　ウィズダムループ

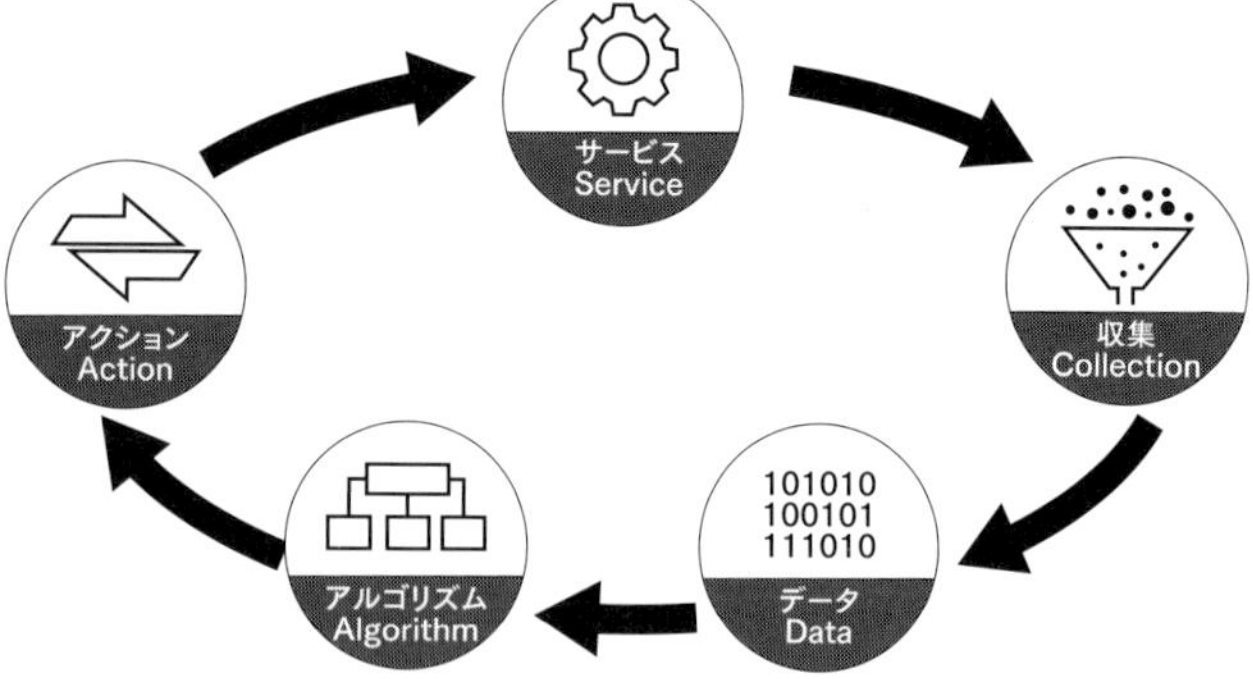

です。そうすれば、顧客の利用が増えれば増えるほど、好みやニーズを予測するアルゴリズムの精度が高まり、ひいては継続的に顧客課題が解決できる環境が生み出されます。こうして上の図のような「ウィズダムループ」を回すことで、データから価値を創出し続けていくのです(図表3-2)。

ウィズダムループでは、財・サービスの提供を通じて顧客の行動や嗜好のデータを収集し、これらのデータを分析し、顧客の真の課題や今後の行動を予測し、サービスの改善・拡充を図ります。

さらに、アクションの結果と予測のずれをフィードバックし、なぜそのような結果になるのか、因果関係を探ることも重要な要素です。顧客に提供する価値を向上させ続けるためには、これを組織文化として根づかせ、愚直かつ創造的にループを回すノウハウを蓄積する努力が欠かせないのです。

ただし、データを闇雲に集めればいいというものではありません。データを収集する際には「どのデータがあれば、どんなサービスが改善・拡充できるか」という仮説を持つことが重要です。これは言い換えれば「サービスの改善・拡充のために削減すべき不確実性は何か」を明らかにすることです。レシピの例で、「無数の選択肢から献立を決める」という煩わしさを抱える顧客のために、企業が「顧客の嗜好に合ったレシピの提供」というサービスを提供しようとした場合を考えてみてください。最適なレシピ提供をさまたげるのは「顧客の嗜好を知らない」という不確実性であり、顧客の嗜好を理解するためのデータを収集すれば、この不確実性が削減できます。顧客接点や内部の業務プロセスにおいて、どこにどんな不確実性があり、どんなデータから何を学べば課題解決につながるのか、ということを常に考え続ける必要があるのです。

注意しなければいけないのは、通常のデータの分析ではデータ間の相関関係を見つけることは比較的容易にできても、本当に顧客課題の解決につながる「ｗｈｙ」を明らかにする因果関係まで踏み込んで分析するのは難しいということです。そこで、ウェブマーケティングで使われているA／Bテストという手法を紹介します。これは、たとえば

ＷＥＢサイトで有料会員を募るときに、会員の会費とサービス内容の表示方法を複数用意して、同一条件下でランダムに表示し、各表示方法の効果を比較するときに使います。中身は同じサービスですが、表示方法のみを以下のように変えるのです。

Ａ画面は松竹梅３通りの会費とサービスを並べて表示します。

①ゴールド会員　年会費１００００円　②シルバー会員　年会費５０００円、③ブロンド会員　年会費３０００円

Ｂ画面は松竹２通りの会費とサービスを並べて表示します。

①シルバー会員　年会費５０００円　②ブロンド会員　年会費３０００円

当該ページの訪問ユーザ数を１００００とすると、ランダムに５０００ずつＡ画面とＢ画面を表示して、会員の申し込み数を評価します。

シルバー会員の申し込み数がＡ画面では５００、Ｂ画面では３００あったとすると、Ａ画面のほうが２００多く獲得できたことになります。このＡ画面とＢ画面の表示方法の差がこの２００の効果を創出したのです。したがって今後はシルバー会員を増加させるためには、より上のゴールド会員の情報も表示させるＡ画面が効果的となります。

このポイントは、ランダムに５０００毎グループ分けすることです。ランダムにグル

図表3-3　データの価値

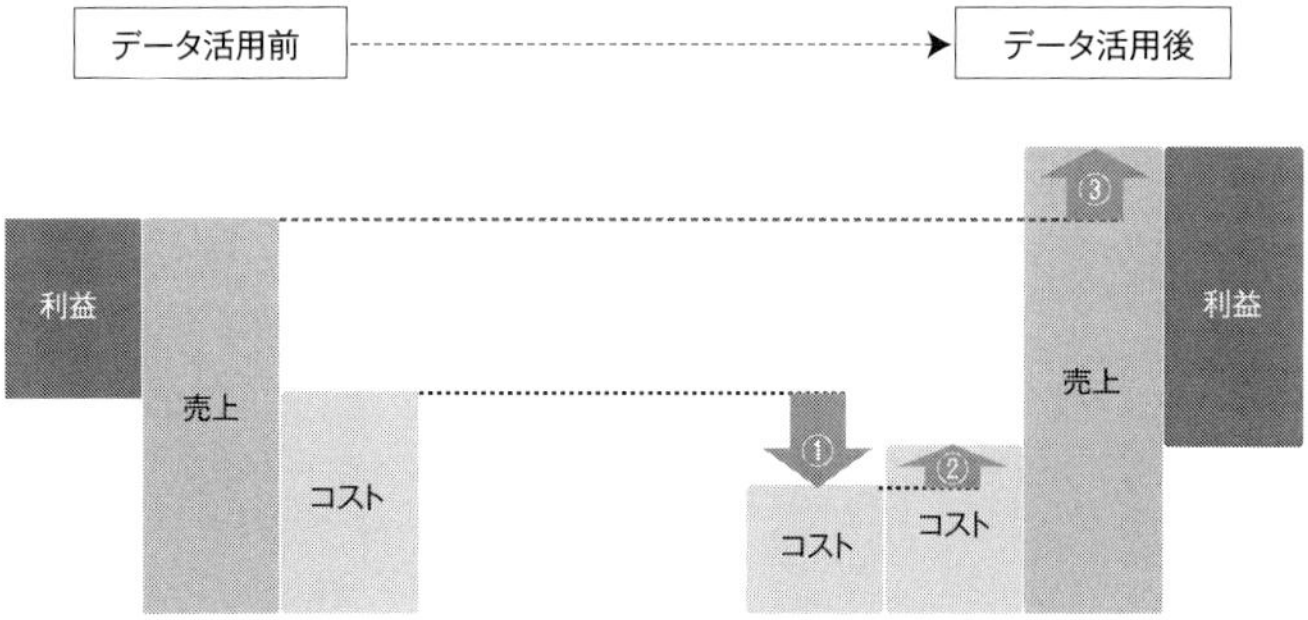

①不確実性の低減によるコストの削減
②データ取得・分析にかかるコストの増加
③精度向上による売上の増加

①－②＋③＝データの価値（利益の増加分）

図表3-4　最適なデータ量

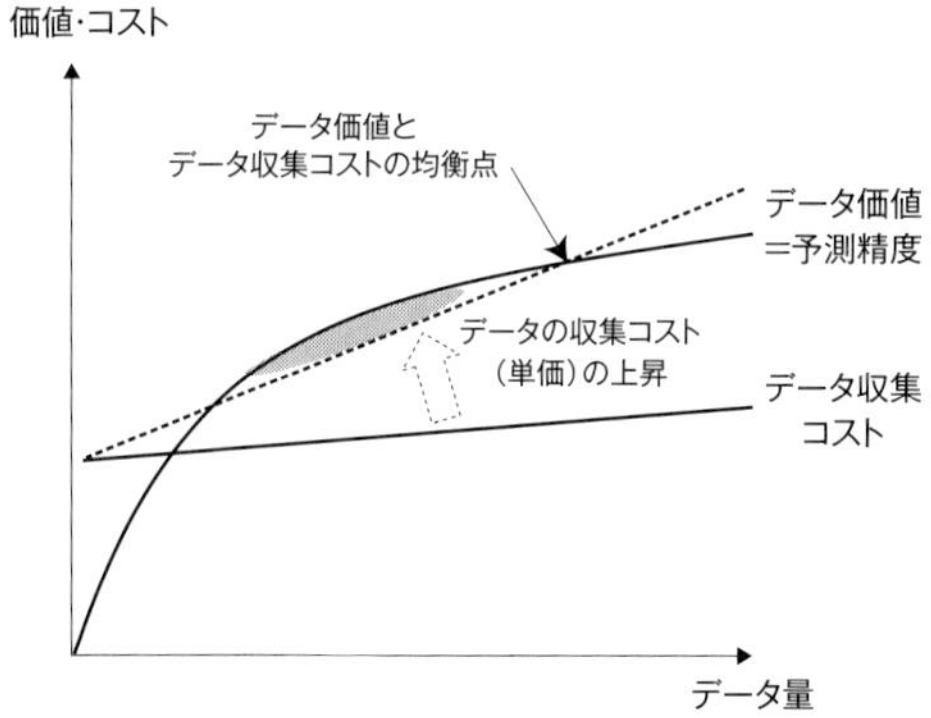

データ量の増加は類似データのレコード件数
の増加のこと（データ項目数の増加は除く）

ープ化することにより、表示方法以外の要因を排除できるため、表示方法と結果の因果関係を明確に把握できるようになります。

これは統計学では、ランダム化比較試験法と言われる方法で、詳細はコラム3「データ分析で相関ではなく因果を把握することは可能か？」をご参照ください。

こうした手法も取り入れながらデータの予測精度を高めていけば、不確実性を減らし、利益を増加させることができます。それでは経済的効果を得るためにはどれだけのデータを集めればよいのでしょうか。データの価値は不確実性の減少による利益の増加分から、データ取得にかかるコストを減算したものです（図表3-3）。

予測精度の向上は、データ量が増加すると逓減することがわかっています。利益の増加分がデータ取得にかかるコストの増加分を上回るデータ量を取得することが経済的なのです。コラム4【予測精度を上げるにはどれだけのデータ量が必要か？】で後述しますが、データ量が一定量を超えると予測精度の向上率は鈍ることがわかっており、データ取得のコストを考えると、最適なデータ量となる均衡点があります（図表3-4）。巨大プラットフォーマーのように、データ収集の仕組みがすでにできあがっていて、取得するデータが増えても追加コストがかからない状態になっていれば気にする必要はありませんが、情報銀行などを経由してデータを取得する場合はデータ量に比例してコストがかかる場合があるので、コストと精度が経済的にバランスするように仕組みを構築するのが望ましいといえます。ここでは、ある時点における顧客の真の課題を解決するためのデータ活用を前提として話していますが、BtoCビジネスの場合、顧客は時間の経過とともにさまざまなライフイベントを経験していきますので、顧客のデータからライフイベントを予測すれば、ライフステージに合った課題解決もプロアクティブに提案できるようになります。

■観点⑤ 顧客課題を解決するアクティビティの分担 ——顧客と企業のバウンダリーを変える

ここまで、顧客が自力で行っているアクティビティをいかに効率化するか、顧客がとりこぼしているアクティビティをいかに提供するかが、顧客課題の解決のために重要であるということを述べてきました。つまり、顧客課題の解決のために、時間や手間といった顧客が消費するリソースの範囲をいかに減らすかという視点が重要なのです。デジタルの力がさまざまな制約を取り払うと、アクティビティを部分的に切り出すことも、その役割分担を変えることも低コストかつ容易に実現できます。これは、顧客と企業の最適なアクティビティの分担を模索できることを意味します。すなわち「顧客と企業のバウンダリーの変更」と「顧客が担うアクティビティの削減」が可能になるのです。

バウンダリーを最適化するためには、現在のコスト構造にとらわれず、継続的なサービス提供を見通す視点が必要です。そして、ケイパビリティ、コスト、学習効果という三つの観点から分担を検討します。ケイパビリティについては、「固有の能力を持つところが実施する」という考え方が基本です。そのうえで、コストや学習効果の観点から判断します。デジタル化できるアクティビティは、「承認」や「参照」など、顧客自身が担うべき活動以外は自社で引き受ける方向で考えます。ただし、デジタル化が難しく、活動場所が限定される物理的なアクティビティの場合、その周辺業務のデジタル化、コストダウンを検討し、比較優位があるなら自社のアクティビティとすべきでしょう。同様に、デジタル化は難しいものの活動場所の制約のない物理的アクティビティの場合、集約効果があれば自社で引き受けて集約します。

たとえば、店に行ったり、モノを運んだり、工場に備え付けた装置での生産、部品・製品の運搬、機械の修理などはデジタル化が難しく、活動場所が限定される物理的なアクティビティにあたります。この場合、アクティビティの一部だけを取り出して（たとえば、「店に行く」のなかから「店の探索」だけを取り出す）デジタル化を検討し、低コストで顧客価値向上が見込める場合は自社のアクティビティにすべきでしょう。飲食業のデリバリー部分だけを取り出して事業化している中国企業、餓了麼（ウーラマ）はこれにあたります。調理する、設計する、プロトタイプをつくるといったアクティビティは、デジタル化は難しいものの場所の制約がありません。この場合は、アクティビティの一部を取り出してデジタル化したうえで集約効果があれば（調理の機械化、工業化）自社に集約します。レシピの作成、推奨商品のレコメンド、評価情報の共有、設計、ソフト開発、装置の運転状況のモニタリングのようにデジタル化が可能なアクティビティは、デジタル化によって時間、場所、リソースにまつわる制約をなくすことができるので、直接的に代行できます。デジタル化されたアクティビティは、特定の顧客との間でトランザクションやインタラクションが増加しても変動費はほぼ増えないため、顧客あたりのコストも顧客数の増加とともに下がります。

また、データは多ければ多いほど、顧客課題解決につながる学習の質、量、速度が上がります。顧客それぞれのデータを提供企業が一元的に管理すれば、データ分析に基づいて顧客に最適化したレコメンド、ナビゲーション、ナッジなどをタイムリーに提供でき、さらなる顧客の課題解決に貢献できます。デジタル化によって、物理的活動のコストを下げるとともに、取得するデータ量に応じてコストが増加しないという「限界コストゼロ」の特性や、より多くのデータを蓄積・分析すればするほど不確実性をビジネスに変えられる「データ学習の経済」という特性がプラスに働き、より的確かつ低コストで顧客課題の解決を図ることができるのです。

ただし、ＢtoＣとＢtoＢでは着目すべきポイントが異なります。ＢtoＣ、つまり顧客が消費者の場合は、顧客の手元で生じる「煩わしさ」に着目すべきです。前述した通り、商取引では注文や支払いにおける煩わしさは取引コストとなりますが、ここをデジタル化すれば顧客の満足度が大きく向上します。このほか、ニーズの発生を的確に認識できないことに煩わしさを感じている場合（食材のストック切れや、機器故障が突然発生するようなケース）は、提供者側でモニタリングを行い、次の判断をリマインドする仕組みを提供すべきでしょうし、アクティビティの選択や判断の場合は、妥当な選択肢をレコメンドすればいいでしょう。自社のケイパビリティだけで対応することが困難な場合は、自社の製品・サービスの価値を上げる補完財となる財・サービスを持つ企業と提携

図表3-5　集約効果と学習効果

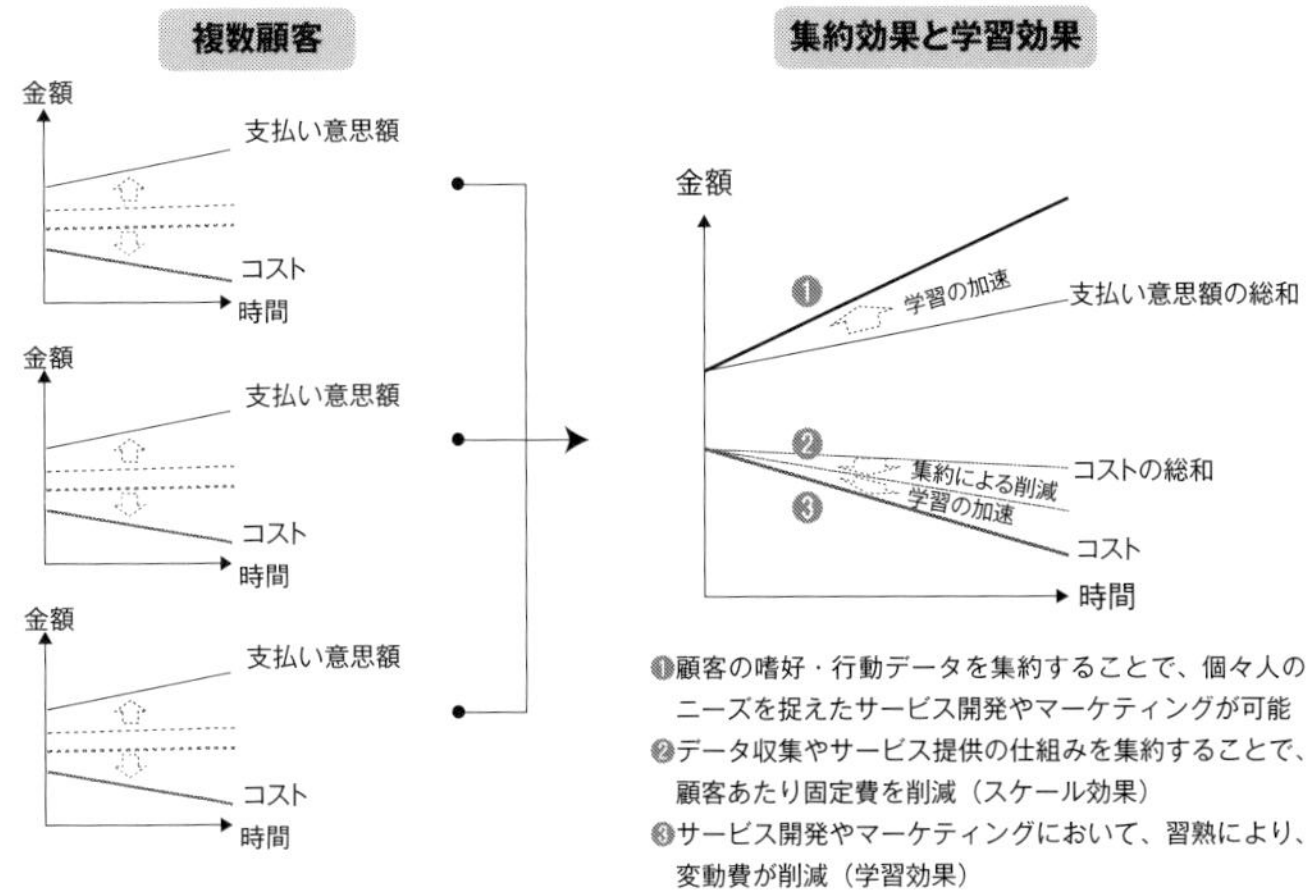
複数顧客
金額
支払い意思額
コスト
時間
金額
支払い意思額
コスト
時間
金額
支払い意思額
コスト
時間
集約効果と学習効果
金額
❶
学習の加速
支払い意思額の総和
❷
集約による削減
コストの総和
学習の加速
❸
コスト
時間
❶顧客の嗜好・行動データを集約することで、個々人のニーズを捉えたサービス開発やマーケティングが可能
❷データ収集やサービス提供の仕組みを集約することで、顧客あたり固定費を削減（スケール効果）
❸サービス開発やマーケティングにおいて、習熟により、変動費が削減（学習効果）

し、顧客のより幅広いアクティビティをサポートすることも検討すべきです。

BtoB、つまり顧客が企業の場合は、顧客企業の視点でアクティビティを見渡すことが重要です。BtoC同様、デジタル化の進展は取引コストを大幅に引き下げますが、多くの場合、企業内で全工程を完結させるより、外部サービスを上手に活用するほうが経済合理的である点に注目すべきです。もちろん、顧客企業の事業特性によっては外部サービスの活用範囲は限られます。たとえば、製造業は製品製造プロセス相互の「技術的つながり」が強く、物理的なモノを頻繁に移動させながら製造工程を進めるので、連続する工程を一つの場所で完結させる必要があるのです。ただし、技術的つながりが薄いアクティビティなら、設計情報や生産情報をデジタル化し、外部からも参照できるようにすることで外部に委託できる可能性が高くなります。

これまでのアウトソーシングは、業務集約によるコストダウン、つまり規模の経済を狙ったものが中心でした。しかし、私たちが提唱する顧客価値リ・インベンション戦略におけるバウンダリー変更は、デジタル化によるコストダウンだけでなく、データを集約するほど分析精度が高まる効果を最大限生かして、顧客課題の解決につなげることを重要視しています。この実現のためには、集約効果と学習効果(図表3-5)を捉え、既存の仕組みにこだわらずにデジタル化によって徹底したコスト削減を実施したうえで、トータルコストが最小になるビジネス設計が必要となります。

■観点⑥　収益モデルの構築——サブスクがすべてではない

顧客提供価値とその提供方法に併せて、収益モデルも構築しなければなりません。ここでも最も重要なのは、どんな収益モデルを選べば、顧客への提供価値が高められるか、自社にとってメリットがあるのか、永続的な信頼関係を構築できるか、という視点です。データとアルゴリズムで製品・サービスを継続的に改良でき、ウィズダムループを継続的に成長させられる収益モデルを選択するのです。

決済のデジタル化は課金方式の自由度を飛躍的に高め、小規模、多頻度、従量式の課金も容易になりました。課金を小分けにすれば、一括購入にともなう「一か八か」のリスクを顧客がとる必要がなくなり、必要な量・必要なタイミングで価値を享受できる環境を生み出せますし、企業側にも「継続的に価値を提供し続けることで顧客の離反を防ごう」というインセンティブが働くという利点があります。ただし、昨今「サブスクリプション型ビジネス」が、まるで革新的なビジネスモデルであるかのように華々しく取り上げられていることについては懸念しています。サブスクリプションはあくまで料金を徴収するための一つの方法にすぎません。しかし実際には、継続的な接点創出が顧客と企業双方にとって長期的な利益をもたらすとは限らないビジネスにまでサブスクリプションモデルを採用し、企業自ら収益のバランスを崩しているケースも少なくありません。売り切り、バンドル、従量課金といったさまざまな方法を俎上に載せ、最も顧客価値の向上に資する収益モデルを選択すべきでしょう。

■観点⑦　仕組みと提供体制——新たな構え

新たなバウンダリーのもとで財・サービスを提供し続けるには、組織や業務の再設計も必要です。せっかくバウンダリーを変えても、組織に顧客課題を解決するインセンティブをうまく埋め込むことができなければ、価値限定的な財・サービスを一律にマスターゲットに提供するだけの多量販売のビジネスモデルに逆戻りしかねないからです。後ほど事例としても紹介しますが、ウォルマートが店舗の顧客対応責任者にそのミッション達成にふさわしい処遇をしているのも、こうした意図を反映していると考えられます。

事業を成功させるためには、組織全体で「どの顧客にどんな価値を提供するか」を共有し、目標達成のために一つになって行動することが重要ですが、顧客価値リ・インベンション戦略は、顧客像と、顧客へ提供する価値を明確にするため、日々顧客に接している現場のスタッフ層にとっても行動指針にしやすいという特徴があります。つまり、スタッフ一人ひとりが現場で「いまよりさらに顧客に満足してもらうために何をすればよいか」を判断しやすくなるのです。経営層と現場の意識を統一し、組織が一体感を持った企業活動を展開しやすいという意味でも、メリットのある戦略であるといえます。

さらに顧客価値リ・インベンション戦略は顧客ではなく自社視点になりがちな大企業病にも効果的です。顧客の提供価値を起点にしたビジネスを設計できるというばかりでなく、それを組織全体で共有できるという側面もあるからです。

組織体制という点にさらに注目してみると、既存の大企業もオープンイノベーションやベンチャー企業との提携などに取り組んでいますが、課題が見受けられます。それは、自社が戦略的に取り組みたい領域や活用したい自社の強みを明確にしないまま現場に闇雲に新規事業を求めることも少なくなく、ここには課題があります。既存の大企業が生き残るためには、自社が戦略的に取り組むべき市場で、自社の強みを生かした新規事業を起こし、成長させなければいけません。言い換えれば、自社にとって戦略的に重要でない領域、既存の強みを生かせない事業は自社内で行う必要はなく、スピンアウトした独立の組織で行えばよいのです。大企業が干渉すると新規事業が成功しない、という話をよく聞きますが、それは大企業の既存事業と新規事業ではマネジメント手法が異なるからであって、大企業のケイパビリティや資産を活用することに原因があるのではありません。

顧客価値リ・インベンション戦略へのチャレンジは、既存の大企業が取り組む新規事業（新しいビジネスモデル）という位置づけになる以上、既存事業とは当然マネジメント特性が異なり、組織やマネジメントにも変革が必要です。顧客課題の絶えざる解決に向けて短いサイクルでサービスの企画・改善を繰り返せる体制を確立するならば、機能別組織より機能横断型のチーム組織のほうが向いているといえるでしょう。私が働くＩＴサービス業界においても、基幹系システムは、設計、開発、試験といった各工程を順番通りに完成させていくウォーターフォール型で開発しますが、消費者が直接使うシステムの場合、設計、開発、試験をチームごとに短いサイクルで回して、操作性や機能性を改善していくアジャイル型の手法を採用します。アジャイル開発と同様に、顧客価値リ・インベンション戦略は、継続的に顧客価値を向上させるという目的は共通しているため、同様のアプローチが有効と思われます。

既存の大企業では、成熟した事業の規模拡大や、改善による利益増のためのマネジメントが必要ですから、期間ごとの販売数量や額、原価率、販売管理費などを精緻に管理していることでしょう。顧客価値リ・インベンション戦略は、時間の経過とともに顧客に提供する価値を向上させるものですので、中期的視点に立った顧客の推奨度、顧客あたりのサービス提供額、さらには顧客自身にとっての成功のＫＰＩなどを新たに管理し

図表3-6　一元的な情報システムの構築

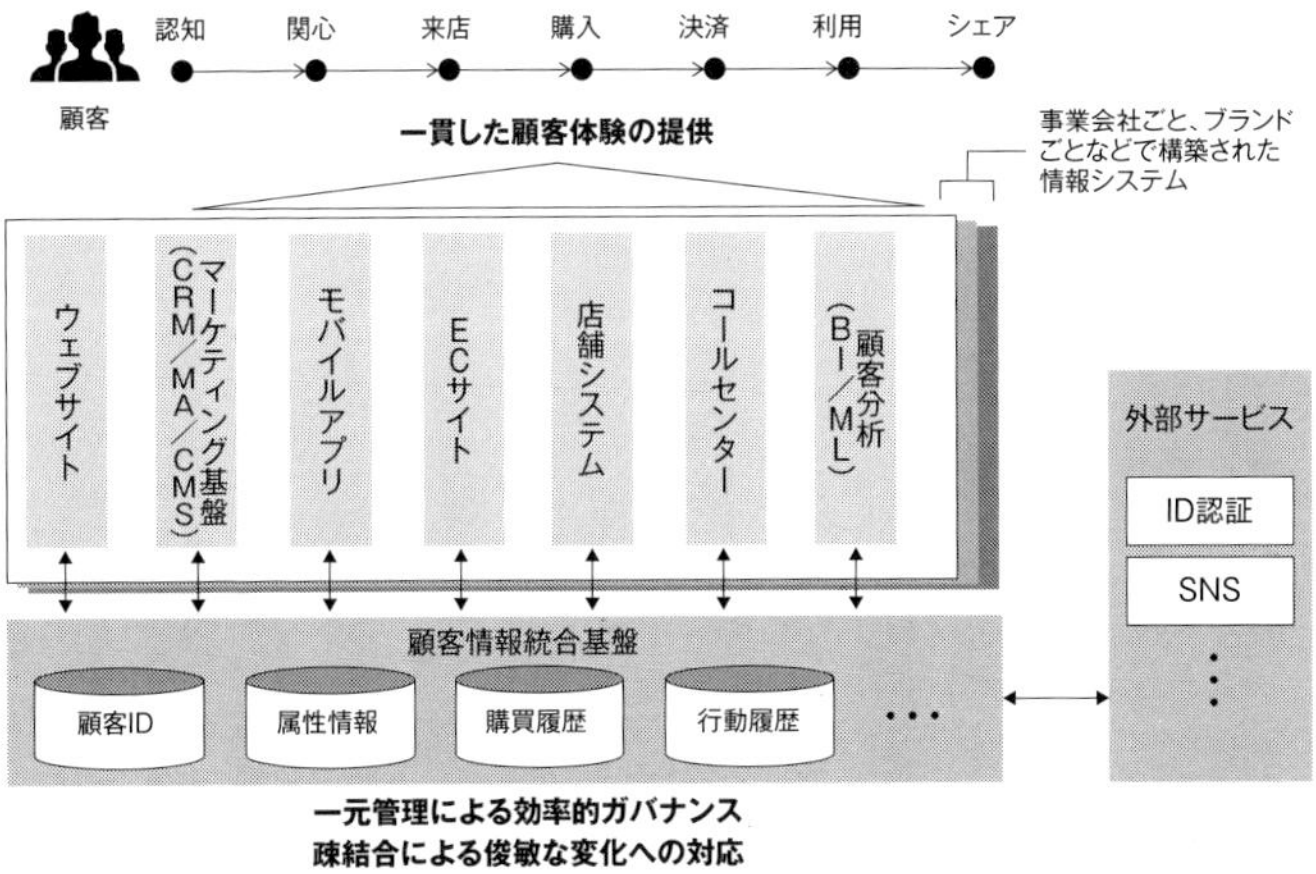

ていく必要があります。

顧客価値リ・インベンション戦略を実現していくためには顧客との接点情報を一元的に管理する情報システムが必要です。既存の大企業では、業務システムごとに情報も分割して管理されているのが一般的です。ウェブサイトやアプリの顧客情報、リアル店舗での利用履歴情報、コールセンター対応履歴などがバラバラに管理されており、幅広い顧客接点があるにもかかわらず、そこから得た情報を限定的にしか活用しておらず、全体としての顧客理解に生かされていないのです。こうした状況を解消するためには、既存の業務にのみ視点を置くのではなく、情報管理のあるべき姿をベストプラクティスとして描いたうえで、全社標準の機能としてシステム化を進めることが重要です（図表3‐6）。

ある流通コングロマリットでは、こうしたことを実現するために多種多様な業態を横串で貫通させて、顧客情報を一元的に分析できる体制を整えました。これにより、顧客の生活全体に関わる販売網、サービス提供網を持つ大規模組織の強みを生かして顧客を全体として把握し、各事業にフィードバックできるようになったのです。

このように、まずは既存の業務システムから独立した新たな顧客情報システムを構築することで、分散していた顧客情報の一元的な管理を可能にする事例は増えています。この場合、インターフェースを介して業務システムとは疎結合なシステムとすることがポイントです。そうすれば業務システムに引きずられず、低コストかつ柔軟に機能が追加でき、顧客情報が一元的に参照・活用できるうえ、セキュリティやガバナンスも強化できます。多くのシステムと連携させなければならないので、構築にも運用にもノウハウが求められますが、幅広い接点で得られた情報をもとに顧客が理解でき、一貫した顧客体験の提供が可能になるため、取り組む意義は大きいといえるでしょう。

以上、顧客価値リ・インベンション戦略のフレームワークを七つの観点で説明してきました。説明のなかでは、わかりやすいように消費者を対象とした小売業の例を中心に示しましたが、顧客価値リ・インベンション戦略はＢtoＢ、ＢtoＣを含むあらゆる業種に適用できる考え方です。たとえば製造業の従来の売り切りモデルからサービス提供モデルへの事業転換においても、サービス化ありきで考えるのではなく、顧客価値リ・インベンション戦略に基づく思考が不可欠なのです。

次章では、小売業と製造業でそれぞれ顧客価値リ・インベンション戦略と同様の戦略を実行していると考えられる企業の事例を取り上げ、フレームワークに基づいて分析することで、具体的な経営の打ち手への示唆を抽出することを試みます。

コラム 2 COLUMN

プライバシー規制はどうなるか？

個人情報のデータ活用のあるべき姿を考えるとき、①個人の権利、②データを活用する企業の利益と負担、③国などの公的機関の役割について整理する必要があります。

EU諸国は、GDPR（EUにおける一般データ保護規則）で規制するように個人によるコントロール権を尊重し、米国や中国はプラットフォーマーによるデータ活用を認める傾向があります。フィンランドやノルウェーは社会信用システムとしてデータを公益のものとして活用する傾向があります。

　昨今の動静としては、日本と米国で個人の権利を重視する動きがあり、日本では2020年6月に日本版GDPR

データ活用のあるべき姿と各国の現状における考え方

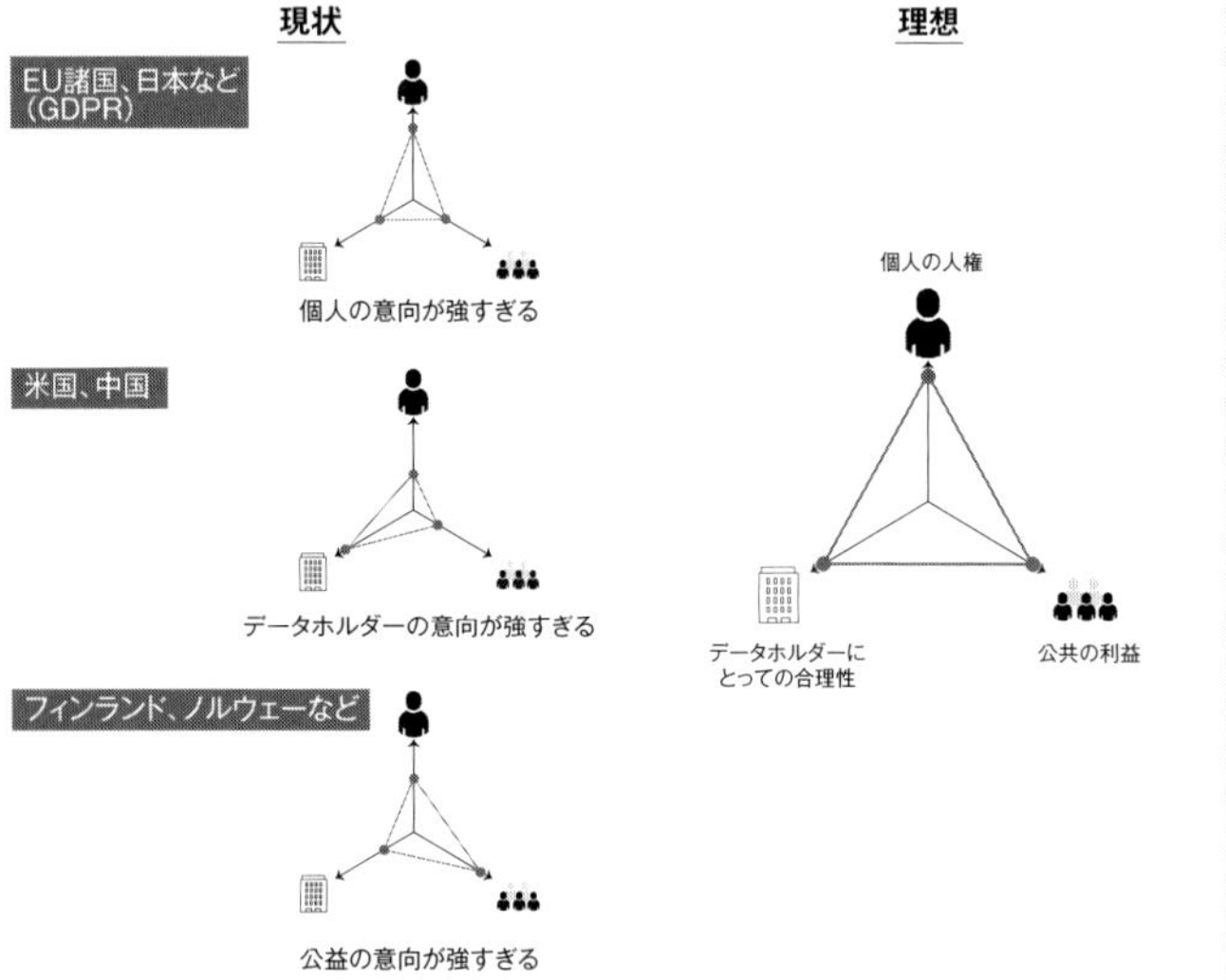

改編：世界経済フォーラム第四次産業革命センター、3要素から見たデータ利用の典型的な問題

といわれる「個人情報の保護に関する法律等の一部を改正する法律」が公布されました。米国では個人データ乱用の懸念が高まり、大手各社は、ブラウザに個人情報などを保存するCookieを廃止する動きを見せています。2020年のCESにおいて28年ぶりに参加したアップルは、CPO（チーフプライバシーオフィサー）が登壇しました。同社ではプライバシーロイヤーやプライバシーエンジニアといった役職が存在し、サービス開発段階から彼らが関与していることをアピールしました。

コラム 3 COLUMN

データ分析で相関ではなく因果を把握することは可能か？

データ間の相関関係は、統計分析などにより比較的容易に把握できますが、効果のある施策などを考える場合、相関ではなく因果を把握する必要があります。ウェブの操作性やウェブマーケティングでは、A／Bテストという手法で、画面の色や配置を変えた場合、申し込み率が変わったか、またクーポンをつけるプロモーションを実施した場合にどれぐらい販売数が上がったかを分析し、その施策の効果を測り、効果の高い施策の選別を行っています。これは統計学の「ランダム化比較試験法」といわれる手法の応用で、全体のグループからランダムにたとえば二つのグループにメンバーを抽出し、一つのグループには施策を実施し（介入グループ）、もう一つのグループには施策を実施せず（コントロールグループ）、このグループ間の結果の差異を施策実施効果（介入効果）として把握するものです。

ランダムに二つのグループにメンバーを抽出することで、特定の特性や偏りを持たないグループをつくることができます。ここではわかりやすくするためグループを二つにしましたが、二つ以上のグループをつくる場合でも考え方は同じです。

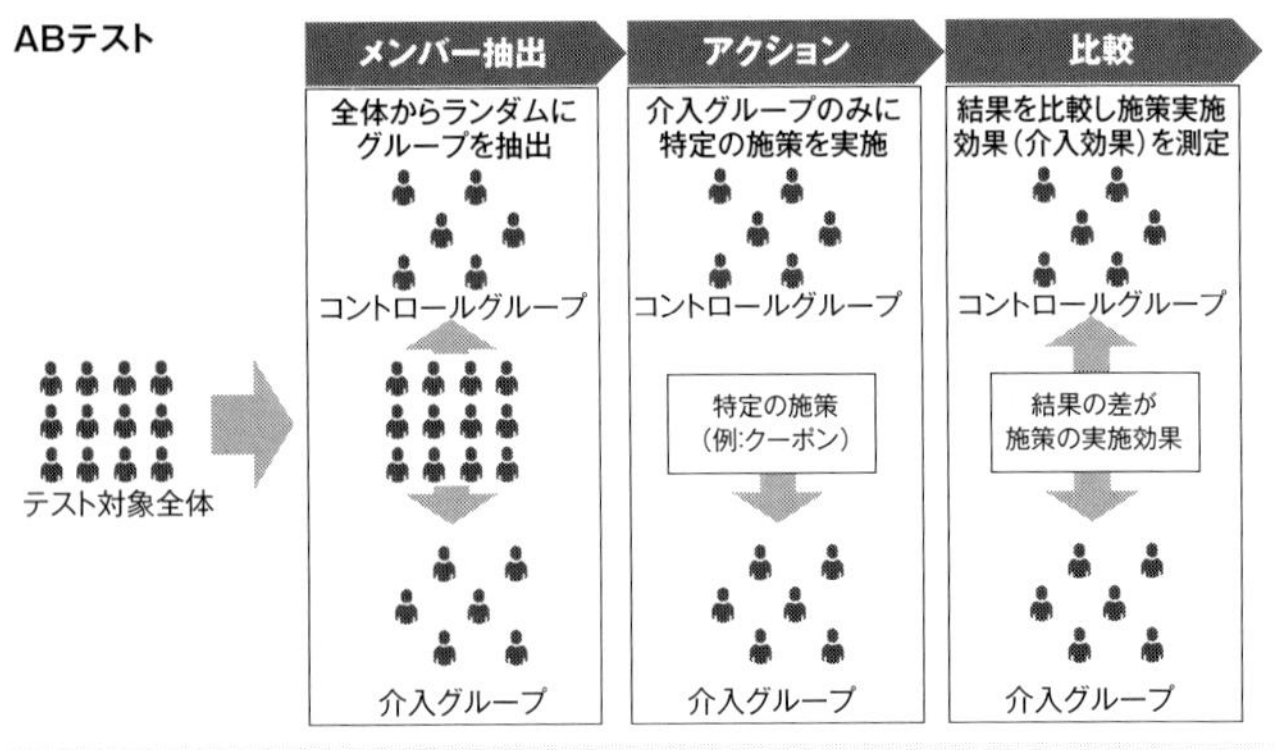

コラム 4

COLUMN

予測精度を上げるにはどれだけのデータ量が必要か？

データ量が増えるほど予測の精度が上がること、ただしデータ量が増えるほど予測精度の伸びは鈍化する（逓減する）ことを述べましたが、予測精度とデータ量の関係についてどのようなことがいえるのでしょうか。

ここでは問題を単純化した例で考えてみます。

データに基づく予測とは、ある商品の販売予測をする場合、マーケット全体の需要量（母数）は実際に販売してみないとわかりませんが、サンプルを抽出してそのサンプルでの需要量を把握し、マーケット全体での需要量（母数）を推定するような場合に使います。これを、統計学の単純な問題に置き換えると、未知の分布に従う母集団からサンプル（標本）を抽出し、抽出したサンプルの平均を取ることによって母集団の平均（母平均）を推定する場合に置き換えることができます。

このとき、中心極限定理により、標本平均と母平均との差は正規分布に従います

（サンプルサイズが十分に大きい場合）。また、その標準偏差は母集団の標準偏差（σ）をサンプルサイズ（n）の平方根で割ったものになります。言い換えると、サンプルサイズが大きいほど、標本平均のばらつきは小さくなります。これを数式に表すと以下のようになります。

$$\mu - \bar{X} \sim N\left(0, \frac{\sigma}{\sqrt{n}}\right)$$

　これに基づき、標本平均から母平均を区間推定するとき、母平均の信頼区間は以下の通りになります。

$$\bar{X} - z\frac{\sigma}{\sqrt{n}} < \mu < \bar{X} + z\frac{\sigma}{\sqrt{n}}$$

ただし、zは信頼係数によって決まる値です。信頼係

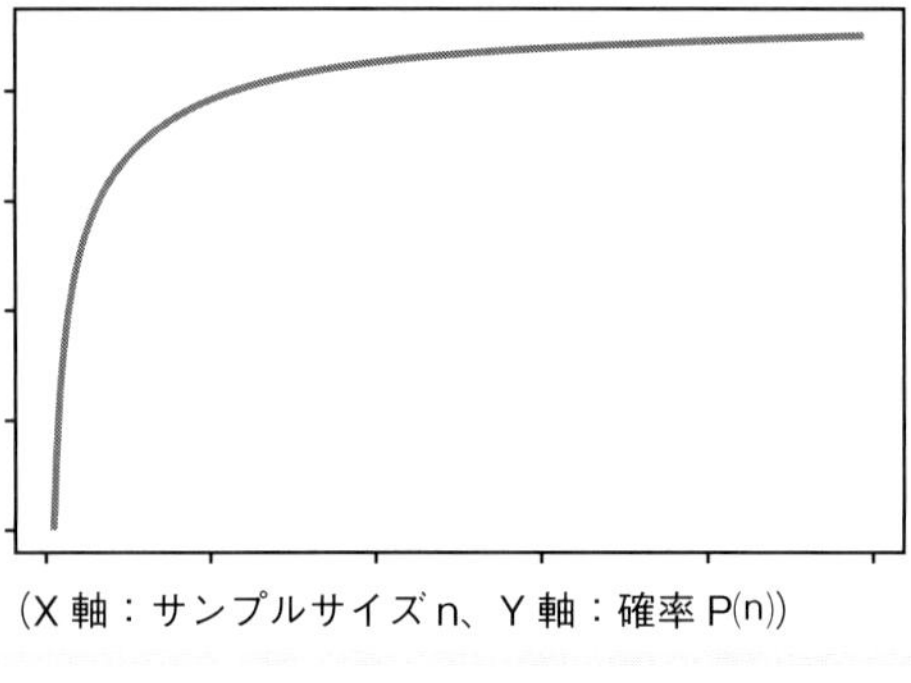

（X軸：サンプルサイズn、Y軸：確率P(n)）

数を95%とする場合、$z=1.96$となります。

この考え方は、アンケート調査におけるサンプルサイズの決定に使用されます。たとえば、許容誤差を母集団の標準偏差の1%とする場合、95%（信頼係数）以上の結果が許容誤差の範囲に収まるようにするために必要なサンプルサイズを計算するといった具合です。この場合のnを求めると、

$$1.96\frac{\sigma}{\sqrt{n}} \leqq 0.01\sigma$$

$$n \geqq 38416$$

つまり、約40000件（38416を四捨五入）のサンプルがあればよいということになります。

ここで、データ量と予測精度の関係を見るため、データ量、すなわちサンプルサイズを増やしたときに予測の精度がどうなるかを考えてみます。ここでは予測精度は、母平均の推定値が、母平均の真の値から一定の許容誤差に収まる確率と考えます。許

容誤差を先ほどと同様、母集団の標準偏差の1%と固定すると、約40000件の場合は約95%の確率で許容誤差内に収まるということになります。サンプルサイズを変えたときにこの確率がどうなるかを数式で表すと以下の通りになります。

$$P(n) = \int_{-0.01\sigma}^{0.01\sigma} f(x)\,dx$$

ただし、$f(x)$ は平均0, 標準偏差 $\frac{\sigma}{\sqrt{n}}$ の正規分布の確率密度関数

これをグラフに表すと、130頁下図のようになります。

サンプルサイズ（n）が増えると予測精度が向上していきますが、その伸びは鈍化しています。つまり、データ量を多くするとあるところまでは予測精度を向上させるが、データ量が多くなるほど予測精度はあまり向上しなくなっていくということです。

第4章

事例で読み解く
顧客価値リ・インベンション戦略

(1)フレームワークによる事例の読み解き

■事例1　価値を食卓に届ける【ウォルマート】

【ウォルマート◆概要】

本　　社◎アーカンソー州、ベントンビル
設　立　年◎1962年
展開エリア◎米国、南米、ヨーロッパ、アフリカ、アジア（世界27カ国）
事 業 内 容◎小売（スーパーマーケットチェーン）、Eコマース
　　　　　EDLP（Everyday Low Price）戦略を掲げ、低価格・物流管理・コスト削減などを推し進め急速に成長した、世界最大の売上を誇る小売企業
　　　　　EC専業企業（Jet.com）をはじめ、多くのテクノロジースタートアップを次々に買収、またリアル店舗を武器にしたEC事業の強化

を通じて、2018年にアップルを追い越し米国で3番目のEC企業となるなど、同社のデジタル戦略は注目を集めている

フレームワークを読み解く事例として、まず本書でもすでに何度か言及しているウォルマートを取り上げたいと思います。ウォルマートは、アマゾンが台頭するまで、長らく米国小売企業の雄として君臨し続けていました。しかし、Eコマース市場の急成長で、ウォルマートをはじめとするリアル店舗型小売企業は、アマゾンをはじめとするEコマース企業に売上を奪われ、2015年、ついにウォルマートの時価総額はアマゾンに抜かれています。勢いが止まらないアマゾンは、Eコマースからリアル店舗への参入にも乗り出したため、ウォルマートはますます追い込まれる立場になっていましたが、現在は、もともとの強みである全米に広がる実店舗と物流機能にデジタルを組み合わせ新たなサービスをさまざまな形で提供しており、2016年1月期から売上高は4期連続で増加、年平均100億ドルもの増収を達成しています。ECの売上においても米国3位、2019年11月には株価も上場以来の高値を更新しています。

①顧客課題（ジョブ）の抽出

近年、ウォルマートが投入しているサービス群からは、同社が顧客課題を捉え直したことが見てとれます。同社はかつて、店舗における「モノの入手」を顧客課題と捉え、規模の大きさを強みに豊富な商品を安価で提供する薄利多売戦略を展開していました。

しかし、現在はより上位のニーズに着目して新たな顧客課題を抽出し、立ち位置を変えたと考えられるのです。たとえば「モノ（食材）の入手」という課題の先には、「今日の夕食づくり」や「翌日の朝食づくり」といった目的が想定できますし、その先には「家族で食卓を囲んで団欒の時間を過ごす」という目的も見えてきます。さらに、消費者の課題を突き詰めれば「個人の嗜好や状況に合った豊かな生活・購買体験の実現」があり、そのためには日常のさまざまなアクティビティにおいて発生するストレスやムダを最小化することも重要です。このような観点に立てば、従来の購買体験における「来店する」「（店内で）商品を探す」「商品を選ぶ」といったアクティビティにも、見直すべき問題点が数多く見つかります。ウォルマートは、このように顧客課題を捉え直し、新たなサービス群を検討しているのではないかと考えています。

②アクティビティの抽出

顧客課題を見直せば、課題解決のために必要なアクティビティも見直さなければなりません。ウォルマートの場合は、店頭で観察できる「来店」や「支払い」だけでなく、その前後のアクティビティも広く抽出することになったでしょう。「食材を購入する」を顧客課題と設定すれば、「買う場所（店舗）の選択」「個々の商品の選択」「支払い」「自宅へ運ぶ」などのアクティビティが新たに抽出できますし、顧客課題をさらに上位の「今夜の夕食をつくる」に設定すれば、「献立を考える」「必要な食材を選ぶ」「調理する」といったアクティビティも視野に入ってきます（図表４‐１）。

このうち、注目すべきは、自社が肩代わりすることで顧客価値を高められるアクティビティと、顧客が負担している「煩わしさ」などのコストを下げられるアクティビティです。たとえば「献立を考える」は毎日のことですし、無数の選択肢から一つに絞らなければならない点でも、かなり煩わしいアクティビティです。しかし、これぞという献立が決まれば満足度は非常に高いため、うまく肩代わりできれば顧客価値にもコストにもインパクトがあります。

「来店する」「（店内で）商品を探す」といった物理的な動きをともなうアクティビティ

図表4-1　ウォルマートにおける顧客課題とアクティビティの抽出

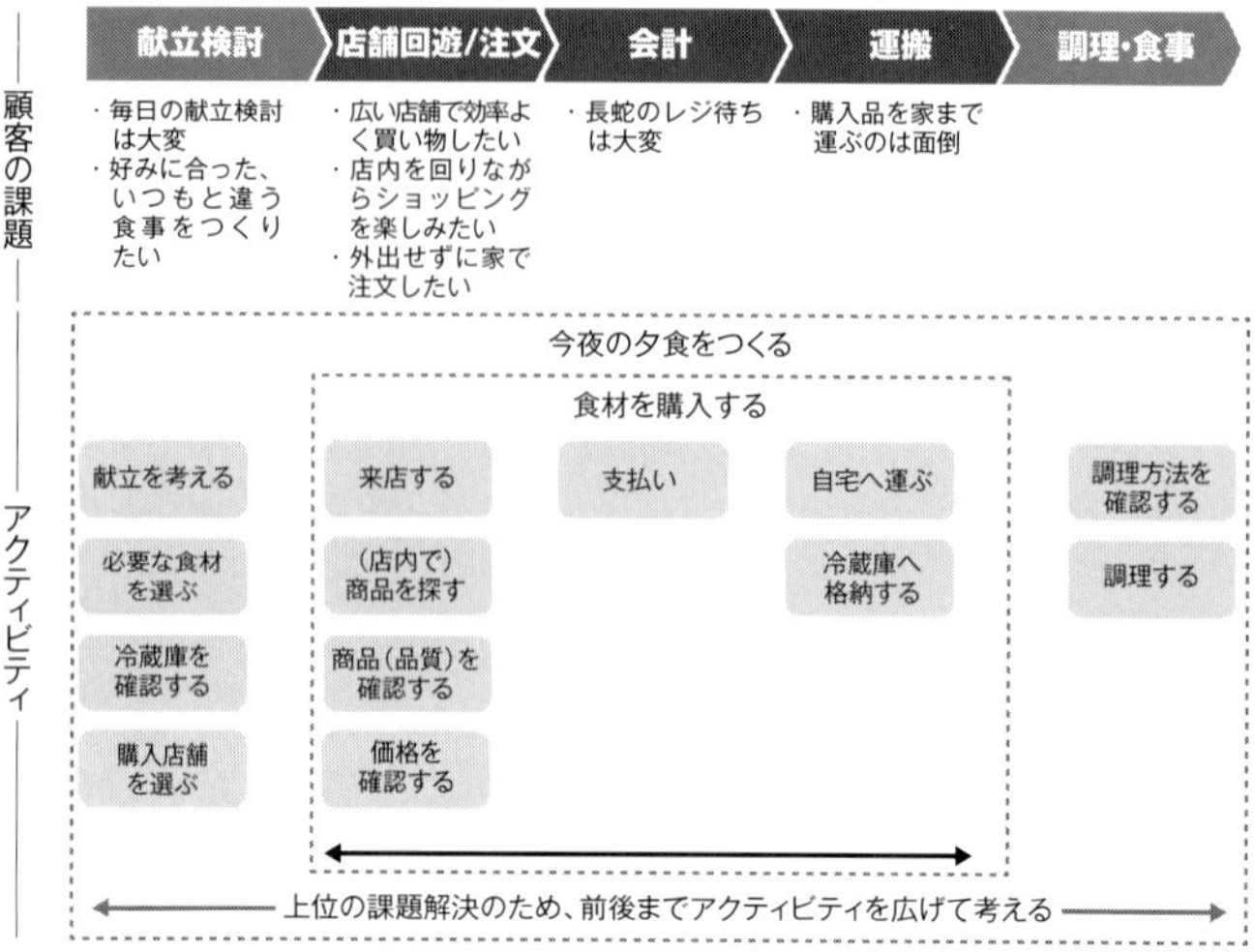

はどうでしょう。商品を求めて広い店内を探し続けることを煩わしく思う顧客は多い一方で、予期せぬ商品やサービスに出合うといったショッピングの楽しみもあります。一方、「支払い」は、長蛇のレジ待ちが発生しがちで、顧客と提供者双方にとって負担が大きいアクティビティといえるでしょう。精算後、買ったものを「自宅へ運ぶ」「冷蔵庫へ格納する」といったアクティビティも物理的な動きをともないます。しかし、これらは顧客にとって煩わしさがあるのは間違いありませんが、自社で肩代わりしようとすれば新たな物流

コストが発生するため、トータルでコストダウンにつながるかどうかについてはよく検討する必要があります。

③アクティビティのデジタル化

ウォルマートは、顧客が煩わしさを感じるアクティビティを一つひとつ局所的に改善するのではなく、アクティビティ全体を見渡し、デジタルを活用した新たな顧客接点を適所に設けることで顧客体験をトータルに再設計しています。

たとえば、献立の検討から店内の回遊、商品の確認、支払いといったアクティビティを再設計したのが〈Sam's Club Now〉というサービスです。これはウォルマートが運営する会員制スーパー〈Sam's Club〉の進化版で、専用アプリと実店舗を組み合わせることで、デジタルとリアルを融合した新たなショッピング体験を提供するものです。顧客のスマホには、購入履歴を学習したＡＩが提案するショッピングリストが届き、店舗を訪れると、Bluetooth経由で顧客のアプリと店内のビーコンが連動し、店内を効率よく回れるルートでナビゲートします。店内の商品にスマホをかざせば仕入れルートなどを含む詳しい商品情報が表示され、商品選びを手助けします。もちろん、支払いもスマホで完了します。さらに会計後に〈Savings Catcher〉というアプリを使えば、周辺の競合店とウォルマートの価格差が自動的に調査され、もし顧客が購入した商品のなかに他店舗より高いものがあれば、差額がキャッシュバックされます。顧客自身が近隣スーパーのチラシを見比べなくても、ウォルマートが最安値を保証してくれるわけですから、ここでは、買い物に出かける前の「購入店舗を選ぶ」というアクティビティが代替されていることになります。

支払いから商品の運搬のアクティビティを代替する他の手段もあります。店舗の入口には受け取り専用の自動販売機〈Pickup Tower〉がそびえており、バーコードを読み取らせるだけで、事前にＥＣサイト〈Walmart.com〉で注文した商品を受け取ることができるうえ、会計も不要です。さらに、〈Delivery Unlimited〉という会員サービスを利用すれば、定額で何度でも自宅への商品配送を頼めます。ウォルマートでは、配達員が自宅の冷蔵庫のなかまで生鮮食品を届けるという、さらに踏み込んだデリバリーサービス〈InHome Delivery〉を提供しており、買い物に行く時間がない、重い荷物を運ぶ手段がない、といった理由で実店舗を敬遠していた人まで顧客として取り込んでいます。

実は、こうしたデリバリーの領域は特にウォルマートの強みを生かせる部分です。というのも、もともとウォルマートは、競合店が少なく交通も不便な郊外エリアに大型店舗を構えて成長した企業です。その後、大型店舗を補完する小規模店舗も広範囲に展開し、それらを合わせた米国の店舗数は約5000にのぼり、「米国の人口の3分の2以上がウォルマートから5マイル以内に住んでいる」といわれるほどなのです。この店舗網を物流拠点として活用すれば、EC事業で配送が拡大しても大きな追加投資は不要です。特に、物流網が未発達な郊外エリアに強いことが、自前のリアルな資産を持たないアマゾンとの大きな差別化要因になっています。もともと持っていたリアルな店舗網にデジタル技術を組み合わせ、顧客の情報処理的なアクティビティだけでなく、物理的なアクティビティまできめ細かく代替したことにウォルマートの強さがあるのです。こうして「より豊富なものをより安く、より不自由なく、ライフスタイルに合わせて必要な場所で、必要なタイミングで購入する」という新たな顧客体験を実現できるようになったのです。

④データと学習メカニズムの特定

ウォルマートでは、右記で挙げた他にもモバイル決済システム〈Walmart Pay〉など多様なサービスを提供しており、さまざまな接点から顧客の多様な利用データを収集しています。データは集約すればするほど価値が向上するため、これらの集約は新たな顧客価値を生み出すサービスの創出に大きく寄与しています。

さまざまな生活シーンにおける顧客の行動データが一元的に管理・分析できれば、顧客一人ひとりにジャストフィットしたサービスやレコメンドをプロアクティブに提供できるようになります（図表4-2）。さらに、需要トレンドを先読みした商品開発や、顧客のかゆいところに手が届く新サービスの開発にもつながります。先ほど、生鮮食品を顧客の冷蔵庫まで届ける〈InHome Delivery〉について触れました。これは一般的に物流課題と目されている「ラストワンマイル」を鮮やかに超え、より顧客に近づいた大胆なサービスですが、これもウォルマートが持つ膨大な顧客データや、受注・配送データがもたらしたインサイトから生まれたものと考えられます。

⑤アクティビティの分担

従来、ウォルマートの顧客が選択できる購買チャネルは、店舗かECの2択でした。しかし、デジタル化で選択肢は劇的に多様化し、顧客は「煩わしい」と感じるアクティ

図表4-2　ウォルマートにおけるアクティビティのデジタル化

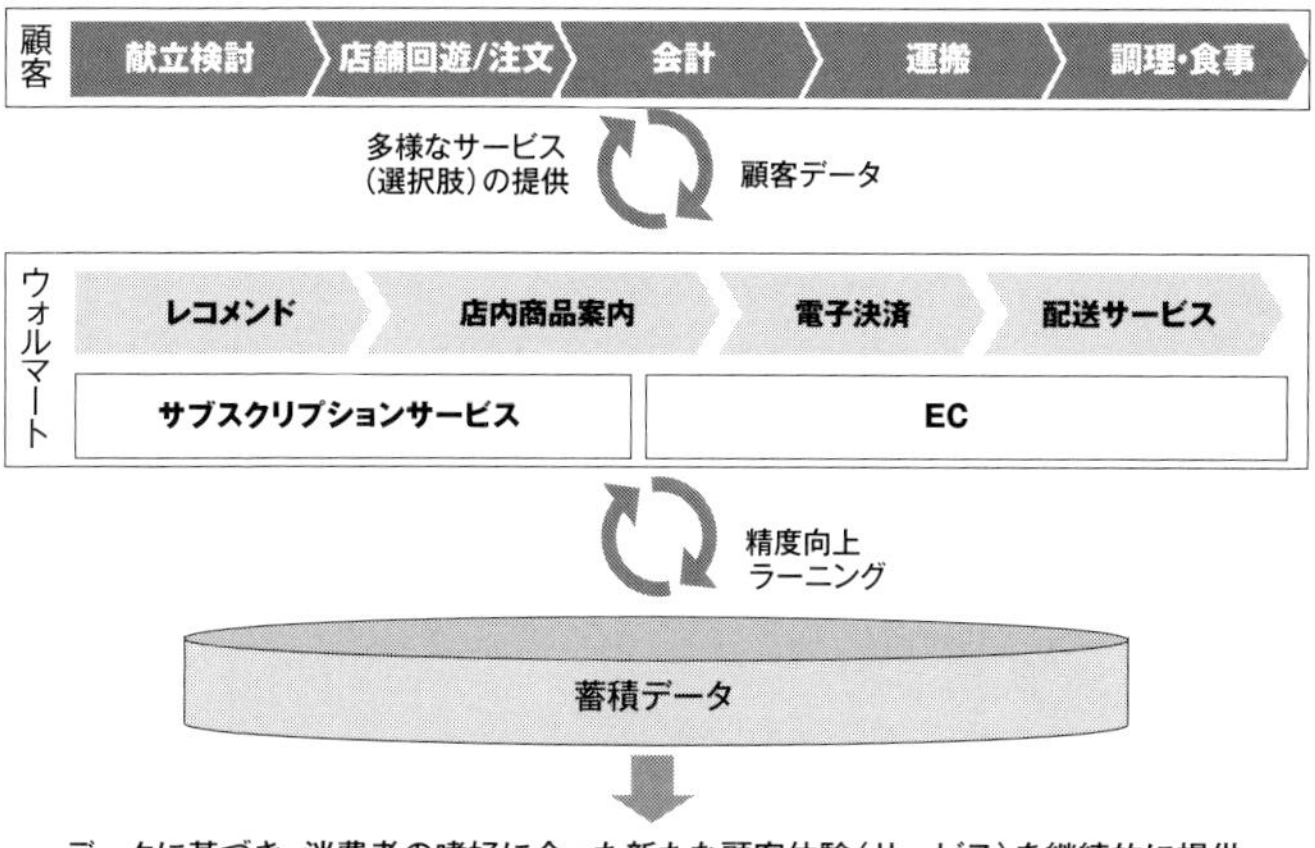

ビティだけをウォルマートに委託できるようになりました。つまり、「自分で体験したいアクティビティ」と「ウォルマートに任せたいアクティビティ」を自由に組み合わせて、パーソナルな購買体験がカスタマイズできるのです。ECサイトの豊富な商品情報で欲しい商品をじっくり見定め、実店舗ではナビを活用して効率よく店内を巡り、詳細な情報をもとに商品を吟味し、地域最安値が保証された価格で会計を済ませ、自宅への配送はウォルマートに任せる……。そんなふうに自分の嗜好や都合に合わせて、生活の豊かさが最大化する最善の方法が選べるのです。

図表4-3　顧客におけるアクティビティの分担の例

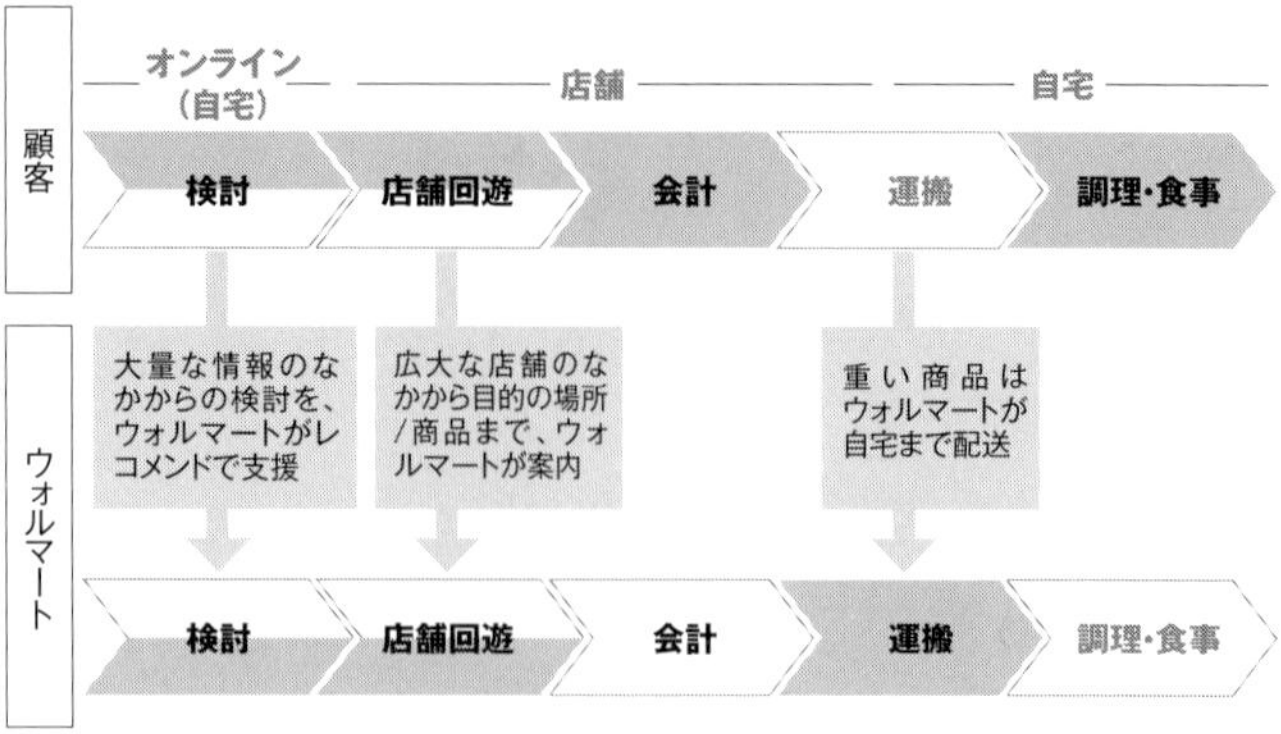

また、これまで顧客がそれぞれ手間をかけて担ってきた店舗回遊や商品配送のようなアクティビティも、ウォルマートが一元化して担えばトータルコストを下げることができ、低コストかつ利便性の高いサービスとして提供できるようになります（図表4-3）。これも、デジタル化の大きな利点といえるでしょう。

⑥収益モデルの構築

ウォルマートの定額配送サービス〈Delivery Unlimited〉は、サブスクリプションで提供されています。年額と月額が選べるようになっており、購入が少ない月は店内受け取りの〈Buy Online Pickup In Store〉も選択可能です。こうした課金モデルは、ホールフーズやターゲットなどの競合する選択肢への顧客流出防止にもつながっています。

地域の最安値保証システムである〈Savings Catcher〉は、ウォルマートで商品を購入した後、同時期の同地域内の競合店舗で同一商品がウォルマートより少しでも安く販売されていれば差額を返金するという一種のダイナミックプライシングです。ウォルマートはこの仕組みによって顧客に「とりあえずウォルマートに行けば、最もお得に買い物ができる」という確信を与えており、これも信頼感の醸成と顧客の継続的な誘引につながっています。

⑦仕組みと提供体制

ウォルマートは、レガシーな小売企業のなかでは突出して先進技術の活用に秀でた企業です。店内は高度にデジタル化されており、ECサイトで注文された商品の受け取りを大量かつ即時にさばく〈Pickup Tower〉、商品棚をライトで照らしながらチェックする〈Auto-S〉、AIで店内のコンディションを確認しながら清掃する〈Auto-C〉、揚げ物をアツアツでタイミングよく提供する〈Flippy〉、積み降ろしや仕分けを行う〈FAST Unloader〉など、多くのロボットが活躍しています。こうした技術開発の拠点が、ウォルマートがシリコンバレーに構えるラボチーム〈Walmart Labs〉です。200人以上のエンジニアが在籍するこのラボチームでは2010〜2014年に15社以上のスタートアップを買収しており、積極的な外部組織との連携がデジタル化を加速させる原動力になっているのです。

ビジネスにスピード感を持たせるために、アジャイル開発やクラウドの活用にも注力しています。2016年には、代表的なアジャイル開発手法であるスクラムのための開発・運用プラットフォーム〈OneOps〉をオープンソースで公開していますが、これはクラウドとアプリケーションのライフサイクル管理を目的としたもので、エンジニアたちはこのプラットフォーム上で同社のECサイトの開発を行っており、プログラムの修正・改善の回数は毎月3万件以上におよぶといわれます。このOneOpsも、2013年にウォルマートが買収したシリコンバレーのスタートアップです。

ただし、ここで留意すべき重要なポイントは、こうした一連のデジタル化は、効率化やコストダウンではなく、あくまで「顧客価値の向上」を目的としていることです。ウォルマートは、ルーチン作業を徹底的にデジタル化、自動化することで、人的リソースをより重要な顧客対応へシフトして接客の強化を図っています。その証左が従業員報酬の高さで、２０１９年のＥＳＧレポートによると同社のストアマネジャーの年収は17万５０００ドル。これは、米国合衆国労働省労働統計局（ＢＬＳ）の統計による類似職種の平均より約5万ドル高額です。

ＥＣが主戦場のアマゾンも無人店舗〈Amazon Go〉の展開や、ホールフーズの買収でリアルへ進出していますが、実店舗の従業員に強く報いて質の高い接客を維持し、顧客だけでなく従業員とも強固な信頼関係を構築しているウォルマートをこの領域でしのぐことは簡単ではないでしょう。一方、ウォルマートの近年のＥＣ事業への進出はめざましいものがあります。ＥＣ専業企業のジェットドットコムを３３００億円で大型買収したのをはじめ、ミレニアル世代向けのアパレルＥＣやスタートアップの買収を積極的に進め、オムニチャネル化が進展。２０１８年にはアマゾン、イーベイに続く、米国における売上第3位の小売ＥＣ企業になっています。

■事例2　カスタムとマスの両立［カーボン］

【カーボン◆概要】

本　　社◎カリフォルニア州、レッドウッドシティ

設　立　年◎2013年

展開エリア◎米国、ヨーロッパ、アジア（世界14カ国）

事業内容◎3Dプリンタメーカー

樹脂製品の設計、開発、製造や提供プロセスの再発明をミッションとし、3Dプリンタを通じた先進的なデジタルマニュファクチャリング・ソリューションを提供

アディダス、リデル、フォード、ジョンソン・エンド・ジョンソンなど、有名なグローバルブランドを支援しており、カーボンのソリューションを活用する製造業は試作工程の短縮や金型コストの削減から、オンデマンド、マスカスタマイゼーション、従来不可能だった製品設計など、新たなビジネスチャンスを切り開くことが可能となる

カーボンは、2013年に米国・シリコンバレーで創業した3Dプリンタメーカーです。以来、アディダスやフォードといった製造業における既存大企業と緊密なパートナーシップを結び、マスカスタマイゼーションをデジタルで実現するケイパビリティを顧客企業に与えることで業績を伸ばしています。カーボンのテクノロジーを使えば、さまざまな樹脂を材料に、酸素、紫外線の化学反応で、複雑で丈夫な格子構造を持つ製品を高速で造形できます。たとえば、ユーザーの身体に合ったランニングシューズ用の高性能ソールや、ヘルメットが製造されています。個々の消費者にフィットしたカスタム製品を大量生産に準じた高い生産性で製造する「マスカスタマイゼーション」の動きは、今後も製造業においてますます加速していくでしょう。

カーボンは新興企業であり、本書で定義する「大企業」ではありませんが、カーボンを採用している大企業は、「顧客価値のリ・インベンション」を実現するための新たなエコシステムの構築を実現しています。また、エコシステムの構築という観点以外にも、カーボンが大企業とパートナーシップを構築してきた方法論には、これまで述べてきた「顧客価値リ・インベンション戦略」の実践として、学ぶべき点が多々あると考え、事例として取り上げます。

①顧客課題（ジョブ）の抽出

現在、カーボンの3Dプリンタを用いて製造されている最終製品は、靴、ヘルメット、義歯、自動車部品など多岐にわたります。カーボンは顧客企業の業界を絞らず、「樹脂を原料にした消費財を製造するあらゆるメーカー」を顧客企業として設定し、これらの顧客企業に共通する上位の課題として「顧客の需要を捉え革新的な製品を迅速に市場に投入し続けること」を抽出したと考えられます。多くの顧客企業に共通する課題を見出したことで業界を超えた広範囲から自社製品の利用データを収集、活用できるようになり、さらなる新市場創出につなげています。

②アクティビティの抽出

カーボンは、顧客企業のアクティビティを、エンジニアリング・チェーンにおける製品企画、設計・開発、試作、量産準備、さらに、サプライ・チェーンにおける調達、生産、物流・販売、サービスまで、広く捉えたと考えられます（図表4‐4）。このうち、「顧客価値にインパクトを与えるアクティビティ」として抽出したのが「設計・開発」「試作」「生産」です。

図表4-4　カーボンの顧客課題の抽出

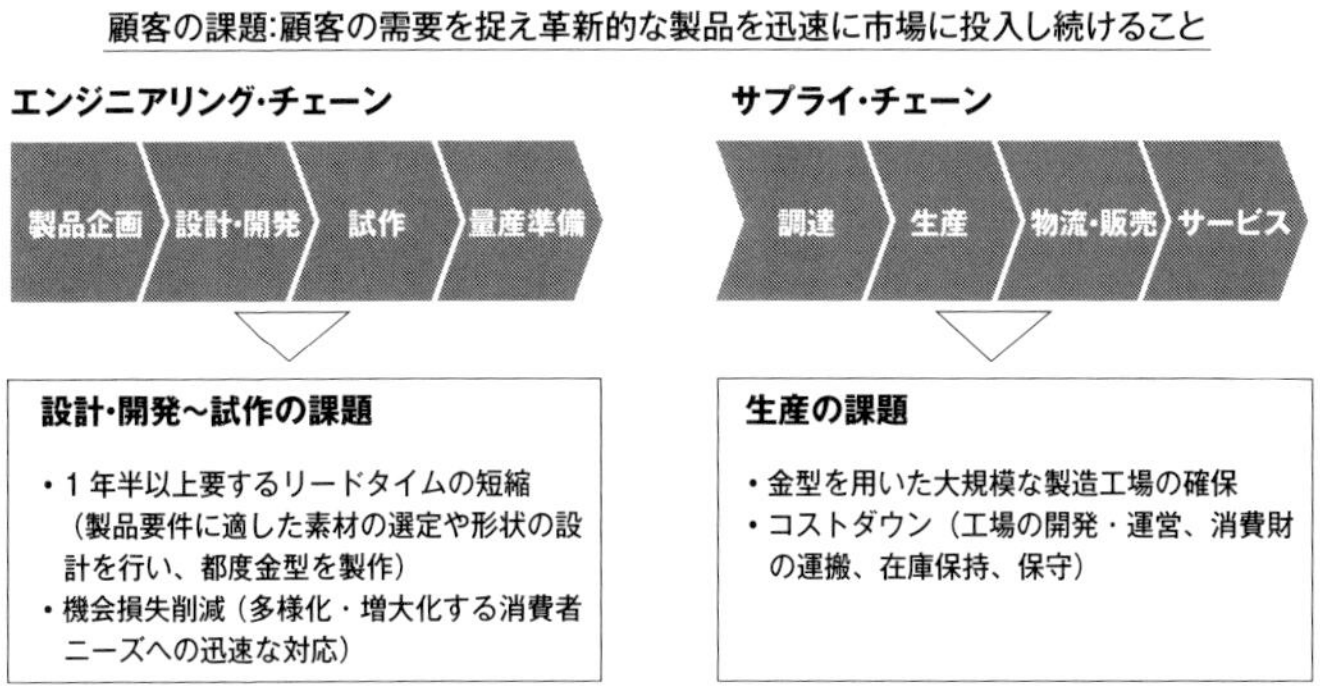
顧客の課題:顧客の需要を捉え革新的な製品を迅速に市場に投入し続けること
エンジニアリング・チェーン
製品企画
設計・開発
試作
量産準備
サプライ・チェーン
調達
生産
物流・販売
サービス
設計・開発～試作の課題
・1年半以上要するリードタイムの短縮（製品要件に適した素材の選定や形状の設計を行い、都度金型を製作）
・機会損失削減（多様化・増大化する消費者ニーズへの迅速な対応）
生産の課題
・金型を用いた大規模な製造工場の確保
・コストダウン（工場の開発・運営、消費財の運搬、在庫保持、保守）

これまでメーカーは、製品開発をしようとすれば、製品の要件に適した素材や形状を設計し、その都度、金型製作から試作品をつくってテストするというプロセスを繰り返さなければなりませんでした。たとえばアディダスがシューズのソール開発にかける期間は通常1年半以上といわれ、それでも試作できるのはせいぜい5～6パターンです。このプロセスにカーボンの持つ先進の3Dプリント技術を活用すれば、クッション性や反発性に優れた製品をスピーディに設計・開発、試作できるようになります。取材記事によると、アディダスの場合、カーボンの3Dプリンタを取り入れることで、半年で50パターンものシューズのミッドソールを試作できるようになりました。

アメリカンフットボール用の用具メーカー、リデルもカーボンの顧客企業です。ヘルメットの使命はいうまでもなく、選手の頭部、ことに脳へのダメージを防ぐことです。カーボンの技術は、選手一人ひとりの頭の形状にぴったり合った、安全性の高いヘルメットのスピーディな生産を可能にしました。そして、リデルの顧客、つまりアメリカンフットボールの選手たちは、自分のためにパーソナライズされた高性能なヘルメットを、必要なときにタイムリーに手に入れられるようになったのです。

提供コストにインパクトを与えるアクティビティとして抽出したのは「生産」です。一般的にメーカーは、金型使用を前提とした大規模な製造設備を必要とします。設備投資を抑えるために、往々にして工場は都会から離れた地価の安い郊外に構えられますが、その分、その他資材調達のための運搬距離は長くなり、製造機器が故障すればラインを止め、業者を遠方から呼び寄せて保守作業を行わなければならないなど、メンテナンスはより面倒になります。

カーボンの3Dプリンタは、こうした高コストの生産工程を代替できます。3Dプリンタは製造設備としては極めて小型で、液体樹脂さえあればどこでも製品の製造が可能です。製品在庫や金型を長期間保持する必要もないため、消費地でオンデマンド生産できます。さらに、センサーとクラウドを通じて機器類を遠隔監視することで、故障の予測や予防保守もカーボンが担うことができます。工場の開発・運営、消費財の運搬、不確実な需要に対応するための在庫保持、保守費用といったコストを大幅に削減できるのです。もちろん、それによって顧客企業の顧客、つまり最終ユーザーも、「洗練された製品を適正価格でタイムリーに入手できる」というメリットが得られるようになります。

③アクティビティのデジタル化

前述のように、カーボンは「設計・開発」「試作」「生産」というアクティビティを抽出し、デジタル化して顧客企業から引き受けることで、顧客価値の向上と提供コストの削減を実現しました。「製品企画」「量産準備」「調達」「物流・販売」「サービス」のように、デジタル化されずに残っているアクティビティもありますが、これらについては、リアルを積極活用したほうが豊かな顧客体験につながるという判断があったものと考えられます。

「設計・開発」においては、顧客企業は3Dプリンタの管理画面上で複雑な立体構造の製品を自由にシミュレーションすることができます。この設計データはカーボンとオン

図表4-5　カーボンがデジタル化したアクティビティ

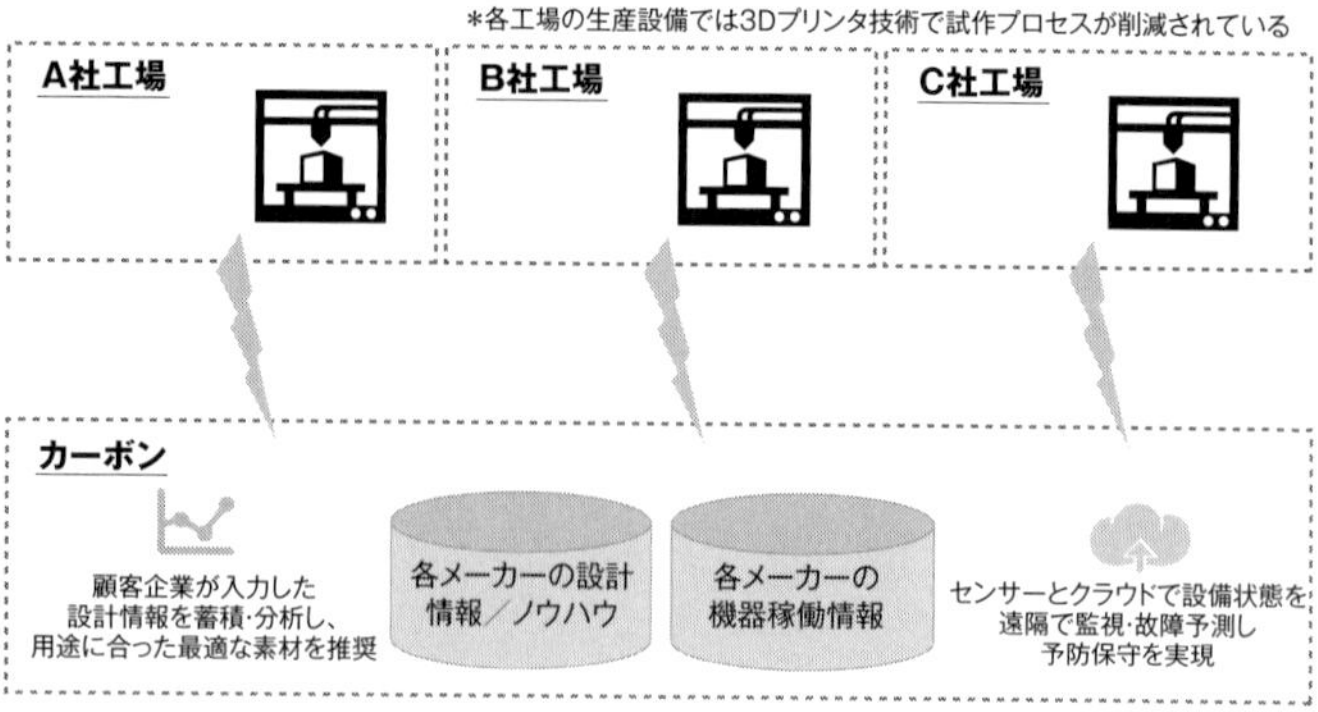
*各工場の生産設備では3Dプリンタ技術で試作プロセスが削減されている
A社工場
B社工場
C社工場
カーボン
顧客企業が入力した
設計情報を蓄積・分析し、
用途に合った最適な素材を推奨
各メーカーの設計
情報／ノウハウ
各メーカーの
機器稼働情報
センサーとクラウドで設備状態を
遠隔で監視・故障予測し
予防保守を実現

ラインで共有でき、それに基づいた設計支援情報も提供されています。たとえば、顧客企業が、最終製品に望む要件（クッション性、反発性、耐久性など）を管理画面に入力すれば、条件を満たす素材を、別途カーボンから推奨してもらえるのです。

「試作」においても、設計が決まれば即座に立体物を造形でき、もちろん金型製作は不要です。「生産」においても、顧客企業は試作プロセスと同様の支援をカーボンから受けることができ、同時に遠隔監視による予防保守が提供されます。故障リスクが減ることで、突発的なラインの停止が回避され、万一不具合が生じた場合でもオンラインで解決できたり、現地での修理が必要な場合であっても事前にオンラインで故障内容を把握することで現地での故障診断を短縮できるなど、「煩わしさ」が大きく軽減されています（図表4-5）。

④データと学習メカニズムの特定

カーボンは、素材の推奨や予防保守において、データと学習メカニズムを特定しています。製品要件に基づいて行う素材レコメンドの精度は、顧客企業の利用データの蓄積量が増えれば増えるほど高まります。こうした利用データが業界を超えてすべての顧客から集まり、データ化され、カーボンの情報基盤とコネクト化され、試作品の性能との相関や妥当性もＡＩでアルゴリズム化されます。データは集約すればするほどデータ学習の経済が働くため、時間経過とともにこれらの精度はどんどん高まっていくのです。

顧客企業はこれまでも「設計・開発」「試作」のフェーズで当然のように製品要件を入力してきたはずですから、カーボンにデータ提供するために手間が増えているわけではありません。カーボンにとっても顧客企業にとっても極めてコストの低い作業によって、継続的にデータ収集できる仕組みが構築されているのです。

３Ｄプリンタがコネクト化されていることから、予防保守に関してもデータ収集のコ

図表4-6　カーボンによるアクティビティの分担

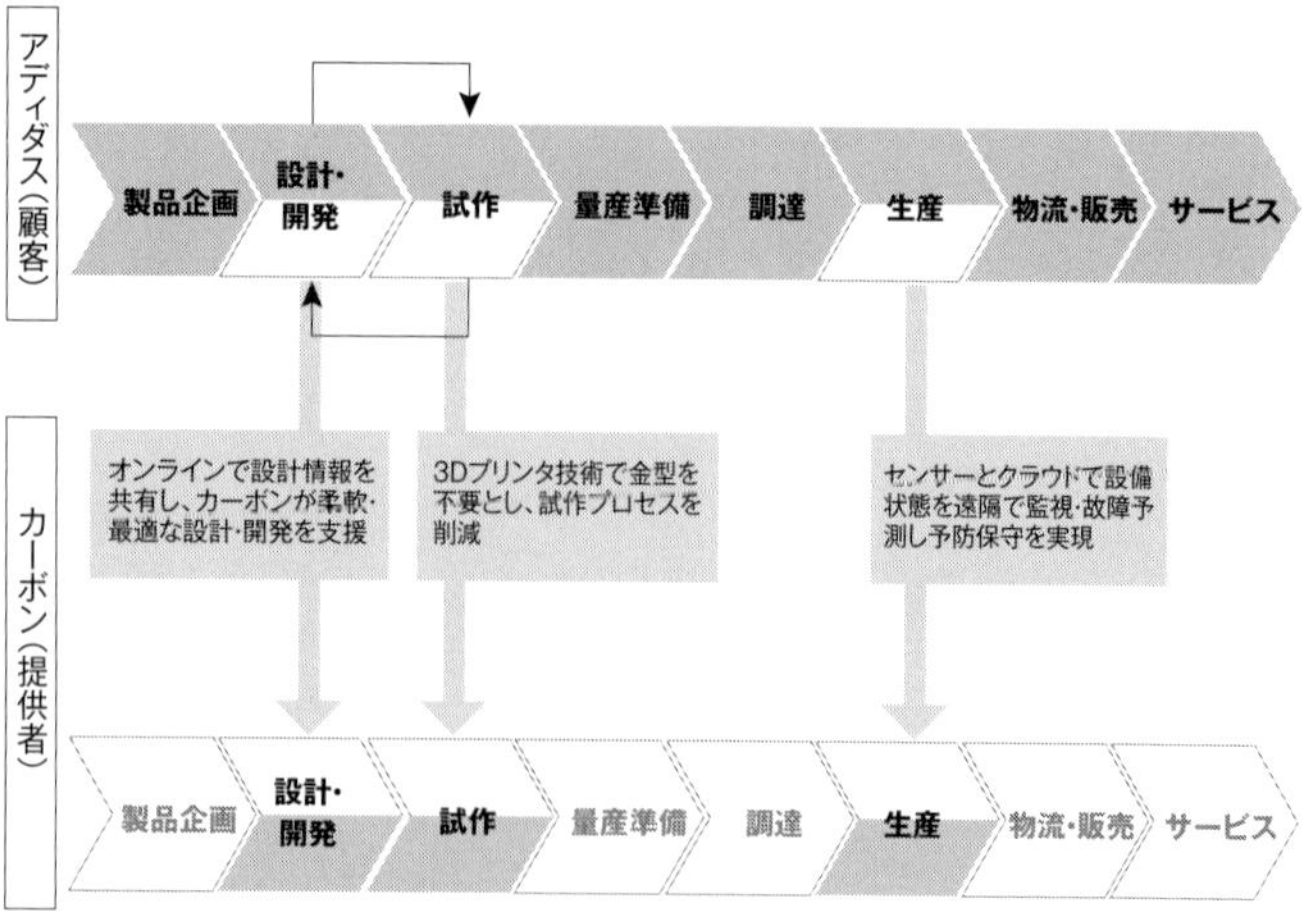

ストは限りなく低く、しかし設備の状態や故障データは日々蓄積・分析されていくため、故障予測や即時対応の精度は時間とともに高まっていきます。

⑤アクティビティの分担

カーボンは、顧客企業の「設計・開発」「試作」「生産」をデジタル化して自社で担い、顧客価値向上につなげています（図表4-6）。このうち、選択肢が非常に多く、煩わしさのもとになる素材選択に関しては、選択肢の形成とレコメンドを行い、煩雑な作業が生じがちな設備の保守対応に関しても、遠隔監視による故障予測・予防保守を提供しています。

カーボンが切り出したこれらのアクティビティは、樹脂を用いた製品を生産している製造業であれば、たとえ業界や最終製品が異なっていても共通する部分が多いため集約メリットが大きく、時間経過や顧客企業数の増加によって、カーボン側の精度向上とコストダウン効果が継続的に高まっていくと考えられます。

⑥収益モデルの構築

カーボンの3Dプリンタの収益モデルは、売り切りによる単発ではなく、利用時間に応じて継続的な収益を上げるモデルです。これまで述べてきたような継続的な顧客価値向上と親和性が高い収益モデルを選択していると考えられます。2019年2月現在の利用料は3年以上の契約を条件に米国では5万ドル、日本では725万円に設定されており、3Dプリンタと6~8週間ごとにアップグレードされるソフトウェアの使用料が含まれています。さらにオンラインメンテナンス、故障予測、故障の際の駆け付けサービスも提供されます。

⑦仕組みと提供体制

カーボンの事業を牽引している重要なケイパビリティは、デザイン、デジタル技術、データインテリジェンス、ビジネスです。デザイン、ビジネスの領域では、２０１９年２月現在、テスラ出身のエンジニアを数十人も抱えており、ハードとソフトを融合させて継続的にアップデートできる製品設計や、顧客企業に対するコーチングやレコメンドのサービス設計は彼らが牽引していると推測できます。デジタル技術は、複数の大学で化学工学の教授も務めた共同創業者のジョゼフ・デシモーネ氏がチームを率いています。カーボンの３Ｄプリンタは、光、酸素、紫外線の化学反応により、なめらかかつ連続的に、複雑で丈夫な格子構造をつくることを実現した。データインテリジェンスでは、データサイエンティストが故障予測などを担っています。

業界をまたぐ広いビジネスエコシステムのなかに位置していることもカーボンの大きな特色です。顧客企業が複数の業界にまたがっているのは先述の通りですし、川上に位置づけられる樹脂メーカーとも強いコネクションを築いています。今後、製品にさまざまな形でセンサーが組み込まれるようになれば、川下にあたる消費者とのつながりもますます広がっていくと考えられます。

⑵顧客の「トラステッド・パートナー」になるために

本章では、デジタルエコノミーが進展する世界において、既存の大企業は顧客に提供する価値をどのようにリ・インベンション（再発明）すべきか、その方法論を詳しく述べてきました。この章の締めくくりにあたってあらためて強調しておきたいのが、デジタル時代にこそ重要性が増している「信頼」の大切さです。結論からお伝えすると、顧客価値リ・インベンション戦略に取り組む企業に求められる最も大切なことは、顧客からの信頼であると私は考えています。そして、その源泉となるのが、財・サービスを継続的に安定して供給できる組織体制（デリバリー）と、いざ問題が発生したときには責任ある対応ができる企業風土（リカバリー）です。

顧客価値リ・インベンション戦略は、企業が「顧客の真の課題解決」を目的に、顧客に提供する価値を継続的に向上させていくものです。そしてこの戦略には、デジタルを活用して顧客から情報を受け取り、そこから学ぶというプロセスが内包されています。これを顧客（消費者および企業）側から見れば、プライバシーや企業秘密に紐づく重要な情報を外部に提供し、顧客自身が担ってきた重要な活動の代行を特定の外部に委ねることを意味します。扱う財・サービスの価値が高ければ高いほど、事業の継続が危ぶまれるような不安定な企業や、トラブル対応がずさんな企業を相手先として避けようとするのは当然です。

「デジタルエコノミーの第一のドライバー「デジタルがあらゆるところに市場をつくり出す」を支える要素の一つに、取引の当事者双方の信用を担保するレーティング（評価システム）の仕組みがあることは先にも述べた通りです。

これはデジタルが広げた市場を支えるための重要な要素ですが、近年、その評価システムに紛れ込む嘘や不正が社会問題としてクローズアップされつつあります。あるＥＣサイトで、商品を提供する企業がサクラとして業者を雇い、不正に商品評価させていた事実が話題になったのはその一例です。利用者が自由に評価できる仕組みは素晴らしいものですが、自由を許す以上、嘘や不正はひと筋縄では防げません。信頼は、デジタル技術だけでは完全には担保できないのです。

たまたま買った安い消費財、たまたま立ち寄った飲食店で期待通りの価値が得られなかった、というなら顧客のダメージはさほど大きくないかもしれません。しかし、顧客価値リ・インベンション戦略では、顧客の重要情報を預かり、その活動を代替する財・

サービスを提供することを志向しますから、顧客からの期待値や、求められる信頼のレベルは一回限りの取引とは比べものにならないほど高くなります。既存の大企業はこれまでの取引で積み重ねた信頼を維持し、高めていくことはもちろんですが、そこからさらに「信任」の関係を築くことが重要です。企業として信頼されるだけではなく、安心して顧客の大事な業務を任せてもらえること。これを志向することが、顧客価値リ・インベンション戦略の効果的な実践につながるはずです。

その重要なポイントの一つが、「リアルな顧客接点」です。ビジネスにおいてデジタルでカバーできる範囲は年々拡大していますが、顧客が製品・サービスを実際に体験したり、トラブルが発生したときの柔軟な対応を保証する店舗やサービスカウンターといったリアルな接点は、顧客の信頼感の醸成に大きな役割を果たします。人と人が直接向き合うアナログな活動には、長年築いてきた企業カルチャーや、そのカルチャーを共有する従業員のマインドが強く反映されるため、他社が一朝一夕に真似できるものではありません。デジタル市場の拡大にともなって、明確なパーミッションがないまま個人情報を雑に利用したしつこいレコメンドで消費者をうんざりさせている企業も増えています。

こうした状況だからこそ、リアルな顧客接点を通じて誠実なデリバリーとリカバリーを保証している企業に寄せられる「信頼」の価値は、これまで以上に高まっているのです。

これまで繰り返してきた通り、ビジネスのデジタル化を進めることは非常に大切です。しかし、顧客の視点に立ち、顧客が既存のアナログな対応にこそ価値を感じていると判断できる部分は、あえてデジタル化せずに残す判断も必要です。デジタル化されたサービスが溢れる時代だからこそ、リアルな顧客接点は信頼を生み出す貴重な資源になりうるからです。とはいえ、そこに変革の余地がないわけではありません。従業員のこまやかな顧客対応に価値があるなら、その活動そのものはアナログのまま残したうえで、その活動をサポートする仕組みをデジタルで構築すればいいのです。一方、決してやってはいけないことは「自社の販売チャネルは競合他社より強いので、このまま残そう」というように、「自社の視点」で強みを判断して変革の例外とすることです。この発想では、デジタル化が加速する市場で生き残ることはできません。顧客を起点に、顧客のための価値を創出できることこそが本当の企業の強みなのです。

顧客価値リ・インベンション戦略を実践する企業に欠かせない条件を、あらためて整理しておきましょう。それは、アナログ、デジタル双方の強みを組み合わせて、顧客の「信頼」の源泉となる組織力を高めることです。具体的には、顧客が期待するクオリティの財・サービスを保証できる供給体制と組織力、予期せぬ問題に直面しても対応できる資金力を含めた安定性、そして、顧客が安心して情報を預けられる情報セキュリティ体制の三つです。そして、その前提には、事業活動の透明性や公平性といった社会的信頼が欠かせないことはいうまでもありません。また、顧客接点やバックヤードで働く従業員一人ひとりが自社の提供する顧客価値を理解し、組織として一貫性のある対応を行い、信頼をつくり出していける。そのような組織を育むことは経営者の責任であり、そのためにも経営者が指針と価値観をしっかりと伝達していく必要があります。

つまるところ、顧客価値リ・インベンション戦略とは、顧客とともに課題解決に取り組み、信頼を積み重ねることで、さらなる課題解決を任せてもらえる「信任」をつくることです。

デジタル化で店舗はどう変わるのか？

店舗のデジタル化とは、店舗内外の消費者やモノのあらゆるデータを可視化し、より便利で楽しいCustomer Experience（CX）、そしてより付加価値の高い業務に集中できるEmployee Experience（EX）を実現する概念を指します。無人、レジなし、フリクションレスといったCXに注目されがちですが、実際には完全な無人ではなく、省力化により店舗経営そのものを変革する点が大きいのです。ここでは、その店舗オペレーションであるEXに注目します。

実際に提供する、レジなし店舗について考えます。

（左）レジなし店舗（上）商品情報登録（NTTデータ提供）

消費者は、店内で欲しい商品を手にとり、店を出るだけで、決済が完了します。従業員は、業務の大きなウェートを占めるレジ業務から解放され、商品配置の設計や接客といった業務に集中できます。このCXとEXを実現するために、商品や顧客の動きを分析するカメラ・分析基盤や、商品と顧客を紐づける決済の仕組みといったシステムへの投資が必要になります。投資以上の便益があるから成立するのです。

従業員においては、レジ業務が減る一方で、バックヤード業務が増える側面もあります。たとえば、商品情報登録です。カメラが商品を認識できるように、複数の角度から商品を事前に撮影しておくなど、これ

レジなし店舗のシステム構成図

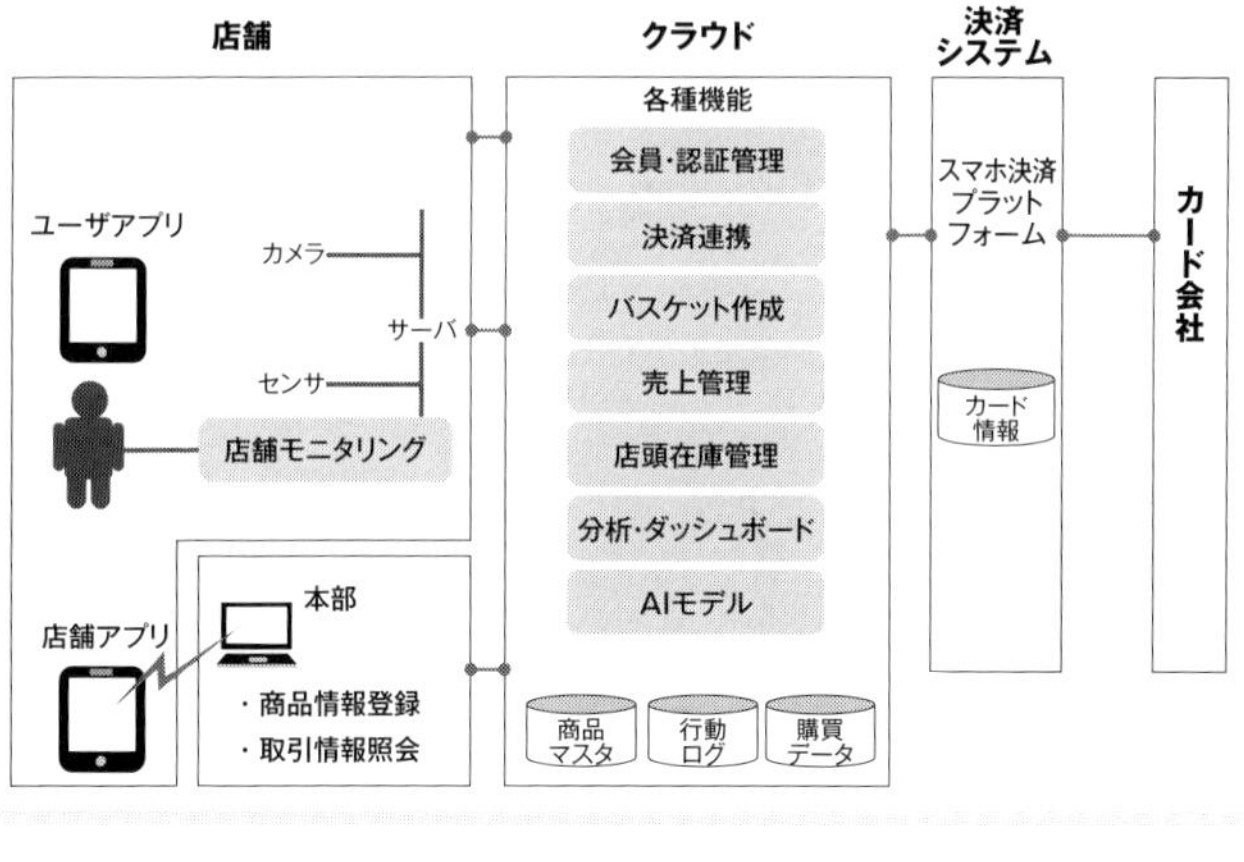

までは登録していなかった情報もあらかじめシステムに登録する必要があります。つまり、トータルでどれだけ従業員業務を省力化できるかがポイントとなります。
店舗のデジタル化では、店舗内の導線や、商品を吟味する棚前行動といった店舗内行動など、これまで得られなかった顧客情報のすべてがデータ化され、それをＣＸにフィードバックできるようになります。そして、そのＣＸを実現するＥＸがともに進化していくのです。

コラム 6 COLUMN

デジタル化でモノづくりはどのように変わるのか？

モノづくりもデジタルで大きく変化しています。以前はハードウェア（機械）に電子部品が組み込まれて製品となっていましたが、現在では電子部品に加え、ソフトウェアも搭載され、その占める割合が非常に大きくなっています。そして、製品の設計データは、電子部品やソフトウェアはもちろんですが、ハードウェア部分も3D ＣＡ

Dによりデータ化されています。

新しい製品が企画され、それを開発するプロセスも様変わりしています。企画した製品の要求仕様を定めた後は、仕様実現のための設計部分が、ハードウェア、電子部品、ソフトウェアへと切り分けられますが、以前はハードウェアが先行していたものが、現在ではそれぞれの設計が並行で走るようになってきています。さらに設計情報がデータ化されているため、設計したもののテスト、つまり要求されている仕様との適合評価が、コンピューター上で実施できることになります。実装する前に、デジタル上でそれぞれの設計や組み合わせを検証して、短サイクルで設計を見直すことが可能になっているのです。

このような製品の設計・開発に加え、さらに生産・保守まで含めた製品のライフサイクル全体のプ

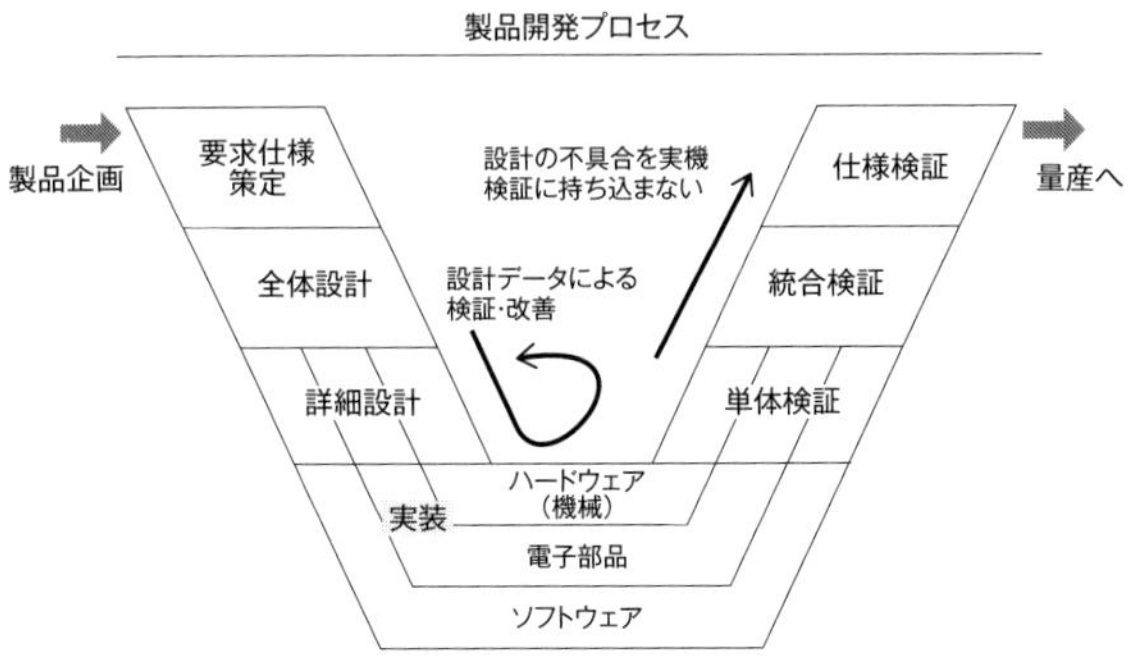

ロセスをデジタル化して管理する「デジタルスレッド」が広まりつつあります。ソフトウェアはアジャイル開発などで、短期間で設計とテストを繰り返して改善する考え方が定着していますが、物理的なハードウェアもすべてデータ化されたことで、製品全体に、その考え方やアプローチに近いものが広がっているといえます。

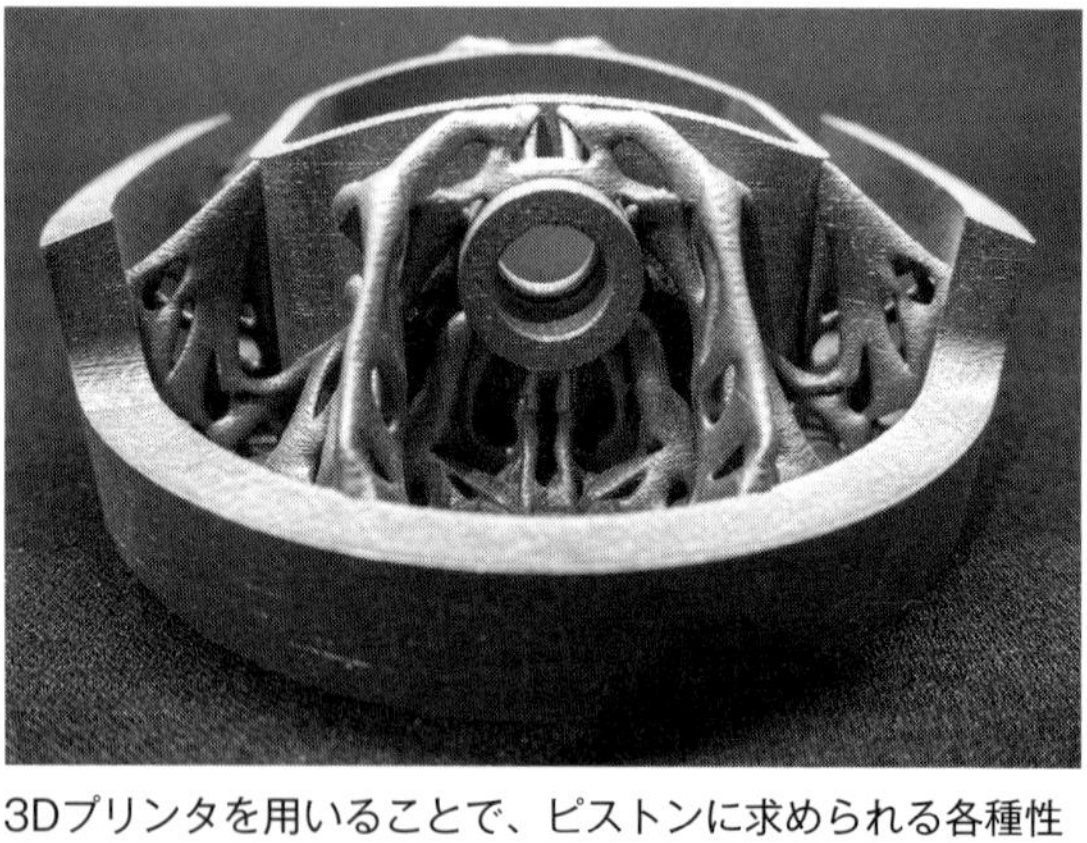

3Dプリンタを用いることで、ピストンに求められる各種性能（強度や耐熱性など）を満たす理想的な形状を実現（NTTデータザムテクノロジーズ社提供）

第5章

[インタビュー]

顧客価値リ・インベンション戦略を有効にする先端テクノロジー

INTERVIEW

インタビュー 1

デザインアプローチを、顧客価値のリ・インベンションにどう生かすか

Star Global Consulting スター
創設者・会長 ユハ・クリステンセン Juha Christensen

私たちは、顧客企業の新たな製品・サービスの企画や、それをITで実装するための数々のプロジェクトでデザインアプローチを実践してきました。そして、こうした実践が、顧客の潜在的な課題を明らかにし、その解決策を新たなサービスとして実現するために有効であることを確認しています。実際に、顧客体験に着目して描いたカスタマージャーニーから課題やニーズを解き明かしたり、ラボに集まってワークショップを通じてさまざまなアイデアを生み出したり、アイデアを素早く形にして試行錯誤と改善を繰り返すといった取り組みは、いまや多くの企業で実践されていることでしょう。本書で

提案する「顧客価値リ・インベンション戦略」においても、「顧客の真の課題（ジョブ）の発見」や「課題を解決する顧客体験を創造する」といった局面ではデザインアプローチが有効だと考えています。では、実際のビジネスで、デザインアプローチをどのように使えば成果に結びつけられるのでしょうか。また、デザインアプローチにはどのような課題があるのでしょうか。デザインアプローチを専業として、日本を含む世界12都市で事業を展開し、500を超えるデザインプロジェクトを成功に導いてきたコンサルティング企業、Starの創設者であり、現在会長を務めるユハ・クリステンセン氏にインタビューを行いました。

すべての基礎に「エンパシー（共感）」がある

――Starは、デザイン、マーケティング、エンジニアリングを連携させることで顧客企業のビジネスをデザインし、製品・サービスの価値向上に貢献しています。顧客の課題に対して、どのようにアプローチしているのでしょうか。

私たちが大切にしているコンセプトは三つあります。なかでも、最も重要なのが「エンパシー（共感）」です。私たちは常に顧客企業に対して、あるいはエンドユーザー、つまり消費者に対しての強い共感を基盤にしてビジネスに取り組んでいます。なぜ共感が大切かといえば、共感なしに顧客を深く理解することはできませんし、理解できなければ現状を把握することも、何が問題かを見極めることもできず、もちろん適切な改善もできないからです。つまり、私たちのサービスはエンパシーなしには成立しないのです。エンパシーは、私たちが業務に向き合うときの基本的な姿勢であると同時に、差別化と優位性の源泉でもあります。美しい花が咲き誇る庭をつくるためには、最初によい土、水、肥料を用意しなければいけません。私たちにとってのエンパシーはまさにそれで、すべてを育てる土壌です。

二つ目が「オペレーションの現実」です。これは、エンパシーという土壌があって初めて見えてくるものです。顧客企業の業務のオペレーションは、部外者がそれを無理矢理変えようとしてもうまくいきません。実際にビジネスの現場で動いているオペレーションは、さまざまな歯車を複雑に組み合わせた機械のようなもので、繊細なバランスの上に成り立っています。まずはその現状を共感とともに理解するというプロセスがなければ、改善するつもりで大切なものまで壊してしまうことになりかねないのです。私たちの場合は、まず顧客企業の業務の棚卸しを行います。業務の内容や、企業が有するケイパビリティを細かく見直すことで、現状がどうなっていて、将来的にどこを目指したいのかを明確にし、変えるべきものと残すべきものを明らかにするのです。

三つ目が「エンドゲーム」です。これは、顧客企業が目指すべき「将来像」を指す言葉で、デザインアプローチに欠かせない概念です。3年後、5年後、10年後に、企業として、誰にどんなサービスを提供していきたいのか、その最終イメージを具体的に描くのです。最初は机上の空論になりますが、顧客企業はもちろん、エンドユーザー（消費者）も巻き込みながら、未来に向けて何ができるかを考えてもらう機会をつくります。このプロセスでは、できるだけ夢を大きく描くことが大切です。現在の問題やしがらみは忘れてオープンに語り合い、本当にやりたいこと、やるべきことを見つめ直すのです。それは、まるで理想の未来にワープするかのようにワクワクする時間です。もちろん最終的には、その未来図を支える基盤、オペレーションの現実も踏まえて調整しなくてはいけません。ただし、目指すべき将来像を共有することこそが夢を支えることを忘れてはいけません。

――本書では「企業は顧客の課題をともに解決するパートナーになろう」というメッセージを強く伝えているのですが、これはまさに「エンパシー」に基づくものだと思います。「オペレーションの現実」に関しても、いま顧客に評価されているアクティビティに注目して強化するという、本書で紹介したメソッドとの共通点を感じます。「エンドゲーム」も、「顧客価値をリ・インベンション」するために企業が再定義すべき「新たな事業立地」と重複する概念だと思います。企業が目指すべき最終形を描くことは、経営戦略における最も重要なポイントですね。

はい。企業がどれだけ魅力的なエンドゲームを描けるかは本当に重要です。そして、エンドゲームで描いた未来像が実現するかどうかは、オペレーションという現実をどこまで変革していけるかにかかっています。いまの時代、10年もたてば、仕事のやり方もサービスのあり方もすっかり変わります。ということは、オペレーションが10年たっても変わらない企業は、ビジネスで確実に負けるのです。現実をしっかりと理解したうえで、どんな未来に「ワープ」するか、どう変わりたいのかを明確に見定めるためにはエンドゲームの認識が欠かせません。ターゲットにすべきカスタマーの絞り込みを行うためにも、まずはエンドゲームを定めることが重要だと考えています。

デザインが、ブランド価値になる

——Starにおけるデザインプロジェクトのプロセスを教えていただけますか。実際の事例をもとに、具体的にご紹介いただきたいと思います。

事例は豊富にあります。なかでも、エンパシーを基盤にデザインシンキングを実践しエンドゲームを具体化できた事例には思い入れがあります。その一つが、中国・上海に拠点を置き、革新的なＥＶを発表している自動車

メーカーのスタートアップ、上海蔚来（ウェイライ）汽車（ＮＩＯ）におけるデザインプロジェクトです。蔚来汽車から最初に示された要望は「音声で対応できるデジタルアシスタントをＥＶに搭載したい」というものでした。いまや、家庭内にも多様なデジタルサービスが浸透していますし、〈アマゾンアレクサ〉や〈グーグルホーム〉のように対話可能なデジタルアシスタントを使い慣れている人も増えていますから、こうした現実を背景にして求められたものです。

しかし、実際にカスタマーの意見を聞いてみると、反応はそれほど芳しくありませんでした。似たようなものがたくさんあるので混乱する、というのです。こうした意見も反映し、最終的には、ダッシュボードにＡＩロボットの「表情」をつけるというデザイ

ンに落ち着きました。人が呼びかけると、ボールのように丸い形のロボットヘッドが、クルクルと向きを変えたり、液晶画面にさまざまな表情を表示させたりして応えて、車内の機器操作などをアシストするのです。シンプルなフォルムですが、動きも表情も実に愛らしく、美しい製品になったと思います。

この事例のポイントは、自動車に新たな機能を付加したことではなく、これまで「ただの移動手段」だった自動車を「人間のように対話できるデバイス」に変え、関係性を構築できるパートナーのような存在として新たな価値を提示したことだと思います。

――ダッシュボードにロボットの表情をつけるというユニークなアイデアは、どうやって生まれたのでしょうか。

やはり、エンパシーが重要な役割を果たしました。新しいデジタル機器というのは、最初は誰にとっても見慣れません。それを生活のなかにスムーズに取り入れてもらうためには、カスタマーへのエンパシーを基礎に、クリエーティブなプロセスを経て、最適なデザインに落とし込む必要があります。この事例の場合は、設計者やデザイナーが顧客企業やカスタマーを十分に理解し、より高い視点から課題を俯瞰できたことがポイントだったと思います。つまり、真の課題は「デジタルアシスタントをつくること」ではなく、「人と車との新たな関係を築くこと」だと気づくことができたのです。そのおかげで素晴らしいデザインが生まれたと思います。

――カスタマーと自動車のタッチポイントを洗い出し、カスタマージャーニーを丁寧に描く作業によって、人と車の関係性の再創造が実現したのですね。

おっしゃる通りです。私たちは、まるで探偵のようにカスタマージャーニーを詳しく調べ上げました。そして、カスタマーが自動車とどのように関わっているのかを細かく掘り下げ、そのプロセスのどこに摩擦（フリクション）が発生しているかを調べました。つまり、カスタマーがストレスを感じたり、不便に思ったりするポイントを調べたわけです。「摩擦」は大きな気づきを生み出します。消費者が引っかかりを感じる場所にこそ工夫の余地がありますし、差別化につながる価値や優位性を生み出せる可能性が高いからです。こうした下準備をもとに仮説を立て、デザイン化を進めていきました。ロボットヘッドも、最初はごく粗削りなプロトタイプでしたが、テストを繰り返してカスタマーの反応を探りながら、最終製品に盛り込むソリューションを丁寧に絞り込んでいったのです。

プロダクトデザインにおいては、消費者にとって最も魅力的であり、企業にとって最も利益が得られる地点を探ることが重要ですし、さらにそのソリューションがブランド価値に合致しているかどうかを絶えず意識していなくてはなりません。こうして完成したＡＩロボットは〈nomi〉と名づけられ、いまでは蔚来汽車のアイデンティティといえるほどの大きな資産になっています。最初は自動車という製品の一部を構成するデザインの一つとしてスタートしたプロジェクトですが、結果として、ブランド全体における資産の創造につながった例といえると思います。

デザインが、未来の姿を変えていく

――いまお話しいただいた事例では、カスタマー像を明確にし、カスタマージャーニーを描き、そのなかでフリクションの発生する場所を押さえ、フリクションを解消して価

値を生み出す形で、タッチポイントで製品・サービスを創造したということですね。他の事例はありますか。

蔚来汽車と同じくモビリティ関連ですが、次は日系自動車メーカーの例をご紹介します。いま、自動車業界は危機に直面しています。生産台数は減り、メーカーの利益率も下がっています。さらに、カーシェアリングやライドシェアリングといったサービスが増えるなかでマイカーを所有したい人も減っています。こうした外部環境を踏まえて、自動車メーカーは将来に向けてどのような戦略を打ち出していくべきか。私たちは議論を重ね、エンドゲームのイメージを徐々に固めていきました。

その過程で浮かび上がってきたのが、いまのようにテクノロジーが溢れる世の中では、テクノロジーはあまり目立たせないほうがいいのではないか、という視点です。消費者のデジタル志向が高まっていることは明らかですが、だからこそ、デジタルの機能は必要なときだけ現れて、不要なときは見えないほうが快適ではないか。私は映画が好きなのですが、古い映画にはよく「執事」が登場しますよね。彼らは主人が呼ぶとサッと出てきますが、用がないときには存在を感じさせません。未来の自動車におけるデジタルテクノロジーには、必要なときだけ現れて、不要なときはバックグラウンドに隠れて見えない、優秀な執事のようなふるまいがふさわしいのではないかと考えたのです。

これは、現在の自動車の利用シーンを考えても妥当です。人が自動車に乗る場面には、二つのモードがあります。すなわち「運転手」として乗るか、「乗客」として乗るかです。自分が運転手である場合、最大の敵は「注意散漫」であり、車内環境のデザインにおいても運転以外に気をとられるリスクが最小限になるよう配慮しなくてはなりません。しかし、乗客として乗車する場合は、デジタルがもたらす便利さを自由に享受したいと考える人が多いのではないでしょうか。自動運転技術が進化し、ウーバーをはじめとするライドシェアサービスなどの選択肢が増えれば、乗客として過ごす時間が増えていきます。自動車に乗るというシーンの意味も、時代に合わせて変わっていくのです。このような議論を重ねながら、未来の自動車のインターフェイスにふさわしい「未来のコックピット」を創造しよう、という結論に至りました。

私たちは「未来のコックピット」に必要な要素を抽出するために、自動車やモビリティに関連するありとあらゆるテクノロジーを洗い出し、適用可能な領域、搭載した場合のインパクト、将来想定できる普及率などに応じた分類を行いました。そして、「未来のコックピットをつくる」というビジョンの達成のためには、どの領域で何を伸ばせばいいのか、すべての選択肢を俎上に載せて検討したのです。

——経営戦略を策定するときには、企業のあるべき姿を描き、それを実現するためにリソース配分や競争力を高める投資計画をつくります。こうした具体的なサービスにブレイクダウンできるデザインアプローチを組み合わせることで、顧客にとって本当に価値のある製品・サービスを実現できる可能性が高まると感じます。

そうですね。デザインアプローチは、経営戦略のアプローチを並行して進めることで新たなチャンスを生みやすく、より大きな成果が期待できると思います。経営戦略、デザイン、エンジニアリングは密接にリンクしたものであり、バラバラに行うと齟齬が生じてビジネスがうまくいきません。先ほどお話しした日系自動車メーカーのプロジェクトでも、どんなセールスチャネルがあり、どんな価格設定で、何を優位性として差別化していくのか、企業のケイパビリティをすべて把握し、全体を見ながら進めていく総合的なソリューションが必要です。

デザインに関わる企業は「非現実的なことばかりやっている」と揶揄されがちですが、私たちのようにデザインだけでなくビジネス戦略やエンジニアリングにも総合的に取り組む企業においては実現責任が生じますから、実現できないものは提案できません。

――「顧客価値リ・インベンション戦略」は、継続的に顧客から学び続けることで価値を向上させていくものです。Starで、デザインが実際に顧客のビジネスに実装された後、継続的にそれを改善していくために取り組まれていることがあれば教えてください。

私たちの仕事は、顧客企業のビジネスの基盤となる「オペレーションの現実」の上に、新たなサービス、新たなデザインを提供することですので、それが既存の仕組みに違和感なく浸透するコンポーネントを設計することを重要視しています。だからこそ、新しいブランド、新しい製品のインターフェイスが既存のビジネスとシームレスに連携して動くのです。しかし、実際にビジネスのなかで走り出してから、意図した通りに機能しているか、目標が十分に達成されているか、そうしたエビデンスが集められるような仕組みや機能はまだ十分に実現しているとはいえません。今後はそういった機能の充実を図り、デザインアプローチとしての進化を目指したいと思います。

大企業のカルチャーを変える「コ・クリエーション（共創）」

――これまで多くのデザインプロジェクトを手がけてきたと思いますが、成功と失敗を分けるポイントはどこにあるとお考えですか。

まず、失敗の要因からお話ししたいと思います。これは私たちが手がけてきたケースに限らず、さまざまなデザインプロジェクトに共通する傾向ですが、変革でもたらされる結果がそもそも企業カルチャーになじまない、あるいは、企業の本質とかけ離れている場合、やはり成功は難しくなります。プロジェクトの結果としてもたらされる未来の姿は、自社のＤＮＡに沿っていて、それによって自社の本質的な価値が前面に出てくるようなものでなくてはいけません。あとは、先ほどお話ししたことにつながりますが、「オペレーションの現実」を無視したビジョンを立て、プロジェクトを走らせると失敗に終わることが多いと思います。

しかし、失敗の最大の要因は、なんといっても「企業カルチャー」です。そもそも大企業は、変化に柔軟に対応できる企業カルチャーを持っていないことが多いのです。株主は短期的な利益やリターンを求めますし、社内でも各事業のリーダーに四半期ごとに利益目標が設定されています。プロジェクトとして導き出されたものがそのまま受け入れられるとは限りません。未来のためのビジョンが必要だということをどれだけ頭で理解していても、あるいは実際のオペレーションに十分に沿ったものであったとしても、企業のカルチャーとしてそれを受け入れ、実現できる土壌がなければ何も変わらないのです。

——成功するケースにも共通点はありますか。

ありません。ここでは三つのポイントを挙げたいと思います。第一のポイントは「コ・クリエーション（共創）」が行われていることです。ソリューションを導き出すにあたって、私たちのようなコンサルタントと顧客企業、さらにその先のカスタマーが、ともに参加し、ともにつくり上げていくプロジェクトは成功の確率が高いのです。

第二のポイントは、顧客企業の従業員がリスクを積極的にとろうとすることです。プロジェクトに曖昧な部分があったとしても、従業員がそれを認めながらも前向きに取り組もうという雰囲気があれば、ぐっと成功に近づきます。

そして第三のポイントは、プロジェクトで生まれた新しいやり方が、既存のオペレーションにうまく導入できる形になっていることです。業務がスムーズに移行できれば成功の可能性も高まります。もう一つ付け加えるなら、そのソリューションがビジネスに与えるインパクトが大きく、効果が測定可能で経営層や株主に説明できるものであれば、よりプロジェクトはスムーズに進むと思います。

――いずれも共感できます。しかし失敗するケースの三つの要因のうち、「変革しようとしているところが、その企業の価値創出のコアではない」は、プロジェクトを正しく選択することで避けられますし、「企業のオペレーションの現実を無視したビジョン」も、事前の検討さえ間違わなければ避けることができますが、「企業カルチャーによる失敗」には簡単な解決策がありません。大企業に「変化のカルチャー」がない場合、どのように変革すればよいと考えますか。

これは本当に難しいことです。しかし、変化に柔軟に対応できるカルチャーに変えていくことは、大企業が取り組むべき最大の課題でもあります。そして、企業のカルチャーを変えるためにも、「コ・クリエーション」がとても重要なのです。コ・クリエーションのためには、プロジェクトが適切な人材で構成されていなければなりません。そこで大切なことは、プロジェクトをスムーズに進めるために、積極的に変化を望んでいる人ばかりを参画させるのではなく、変化に懐疑的、あるいは批判的な人をプロジェクトに入れることです。「日々の業務に追われていて、そんな先のことをやっている暇はない」と思っているような人を巻き込むことで、企業カルチャーは変化していくのです。私たちはそれをかなり意識的にやっています。ワークショップでは、私たちと顧客企業の従業員が活発に議論していますし、ワークショップが終われば、顧客企業とコンサルタントという垣根も、役職の垣根もすっかりなくなり、一つのチームになってしまう。そんな体験を通して、カルチャーが少しずつ変わっていくのを肌で感じます。

――既存の大企業がデジタル化に本気で取り組めばインパクトが大きいと思いますが、大企業だからこそ、なかなか取り組むことができないというジレンマがあります。コ・

クリエーションは、大企業がデジタル化に取り組むための効果的な方法だと思います。

大企業の組織構造は複雑で、実に多くの構成要素とパラメーターが存在します。その分、さまざまな力学が働きますので、そう簡単に変革できませんが、きちんとステップを踏んで実行すれば変化は必ず起こります。変化に対して懐疑的な人も、その変化を実感すれば考え方を変えていく。だからこそ、彼らをプロジェクトに巻き込むことが大切なのです。

――本書の重要なキーワードが「信頼」です。既存の大企業が変化しなくてはいけないことは明らかですが、一方で、大企業の持つ「信頼」は大きな武器になりうると思います。デザインアプローチにおいて、「信頼」はどのように扱うべきでしょうか。

先ほど私はデザインプロジェクトの失敗の要因に、「企業の本質からの乖離」を挙げました。それはすなわち、顧客からの信頼を軽んじてはいけないという意味でもあります。さらに、そうした信頼関係も、まずはエンパシーがあるからこそ生まれると思います。

プライベートな友人関係を考えても、共感がないところに信頼は生まれません。多くのコンサルティング企業がそれを理解せず、共感のための時間をとらないことを不思議に思います。

――最後に、今後の話をうかがいたいと思います。デザインアプローチは、将来どのように発展していくでしょうか。そして、企業変革においてどんな役割を果たしていくでしょうか。

サービスデザインの将来像ということですね。もし私が大企業の経営者なら、年に1度は業務を見直し、必要に応じて改善し、エンドゲームがどうあるべきかをリ・デザインしたいと考えるでしょう。いずれどんな企業でも、時期を決めて調査を行い、エンドゲームの座標軸を再確認し、微調整するという作業が定期的に必要になると思います。大企業においては特に、こうした作業は重要になるでしょうし、そうなれば私たちの担う業務の意義も増していくと思います。

しかし、大企業では往々にして部門ごとに製造やチャネル、ブランドなどが固定的に設計されています。組織の思考がそうした構造になっていて、モジュールで考え、それをいかに組み合わせるかといった柔軟な思考が欠けています。そうした思考を促すためにも組織のアーキテクチャーをより柔軟なものにする必要があります。サービスデザインがその力を最大限発揮するためには、まずはその点を見直すべきだと思います。

Profile

シリアルアントレプレナー。

ロンドン大学ビジネススクール卒業。

現在、Star Global Consultingのほか、Bang & OlufsenやCloudMadeの会長を務め、Netcompanyの経営にも携わる。また、Symbianの創設者兼上席副社長、Microsoftの副社長、Macromediaの社長を歴任。

インタビュー 2

INTERVIEW

AIを顧客価値リ・インベンション戦略にどう生かすか

DataRobot《データロボット》
創設者・CEO ジェレミー・アシン Jeremy Achin

「顧客価値リ・インベンション戦略」は、顧客から学び続けることで継続的に顧客価値を向上させていくことを核心に据えた経営戦略です。そして、AI※・データ活用は、そのためのキーテクノロジーの一つです。私たちは、これまでさまざまなプロジェクトにAI・データを活用しており、PoC（概念実証）レベルのものも含めれば、すでに250にもおよぶプロジェクトの実績を重ねてきました。特に、流通業における需要予測、製造業における設備の故障予測や製造物の品質予測、サービス業における解約予測や会員獲得予測などの領域で顕著な成果が認められています。一方、ビジネス環境が絶えず

※ここでいうAIとは、過去のデータから傾向を算出して予測を行う機械学習（ディープラーニング、決定木、ロジスティクス回帰など）を指しています。

変化することを考えれば、ある時点で最適だった機械学習モデルが永遠に最適であり続けるはずがないことには留意が必要ですし、コンプライアンス面から考えれば、どれほど精度が高くても、予測プロセスがブラックボックスのＡＩをビジネスに適用するのは難しいといえます。今後、企業がＡＩを実際にビジネスに組み込んで運用していくために、組織や人材、そして経営者には何が求められるでしょうか。米国では先進企業を中心に「AI at scale」ということで、個別の業務だけでなく全社的なＡＩの適用が進みつつありますが、そこにはどんな課題があるのでしょうか。世界トップクラスのデータサイエンティストが結集して２０１２年に設立され、米国を中心に世界各国で数多くのＡＩプロジェクトを成功させているDataRobotの創設者でＣＥＯのジェレミー・アシン氏に聞きました。

ＡＩを生かせる二つの領域

――まず、企業がＡＩをどのようにビジネス活用しているか、概要を教えていただけますでしょうか。

ビジネスにおけるＡＩプロジェクトは、大きく分けると2種類あります。社内業務への適用と、製品やサービスづくりへの適用です。前者はＡＩを活用した意思決定のサポート、プロセスの自動化などを通じてオペレーションの効率化を図るもので、「インテリジェントオペレーション」と呼ばれます。後者は、ＡＩを活用して製品やソフトウェアをカスタマイズし、カスタマーエクスペリエンスの向上を図るもので、「インテリジェントな製品やサービスの創造」といえるでしょう。

企業が「ビジネスにＡＩを活用している」というとき、ＡＩを社内オペレーションの改善にしか使っていないとしたら、まだ半分しかＡＩを活用していないといえるのではないでしょうか。ここでいう「インテリジェント」とは、いうまでもなくＡＩの「Ｉ」を指すものですが、私は本来の「知能」「知恵」という意味を込めて使っています。ＡＩを活用する意義は、人と機械の知恵を組み合わせてビジネスを向上できる点にこそあると考えているからです。

――ＡＩには、部分適用とエンタープライズ適用があるということですね。

はい。そしてエンタープライズ適用の際には、「ユーザーエクスペリエンス」でなく「カスタマーエクスペリエンス」にフォーカスすべき、ということも申し添えたいと思います。企業は、現に自社製品を使っている「ユーザー」だけでなく、より広い世界を見なければいけません。というのも、消費者は特定の製品やサービスのユーザーになる前に、それを詳しく調べたり、検討したりして、そのプロセスでさまざまなインタラクションが発生します。そして、ユーザーになっても、いずれはその製品やサービスを使わなくなります。このような「ユーザー」前後の体験も包括して「カスタマーエクスペリエンス」と捉えるのが成功する企業の考え方ですし、そのためにＡＩを活用してこそ「インテリジェントな企業」と呼べると思います。

――DataRobotで手がけたＡＩ導入の事例にはどのようなものがありますか。

部分適用に関してもエンタープライズ適用に関しても、事例は豊富です。たとえば、DataRobotの製品〈Automated Time Series〉は、時系列予測を得意としたシステムで、特に「時間」が重要な役割を果たす業務、たとえば株価の変動データや、ＩｏＴのセンサーから逐次的に受け取るデータを扱うような業務に有効なシステムですが、ある食品スーパーでは、このシステムを需要予測に活用し、商品の出荷や配送のオペレーションを大幅に改善しました。店舗数３０００、商品点数６万点という大規模チェーンにもかかわらず、かつては日々の配送ルートの設定をマニュアルでやっていたのです。これはＡＩで社内オペレーションを効率化した例ですが、商品が需要に合わせて滞りなく店舗に届くようになったことで、結果としてカスタマーエクスペリエンスも向上しています。

　医療機関の患者数の予測にもこのシステムが採用されており、患者数に合わせたスタッフの最適な配置に活用されています。現場のスタッフは当初ＡＩに懐疑的でしたが、導入してすぐに「来週は患者数

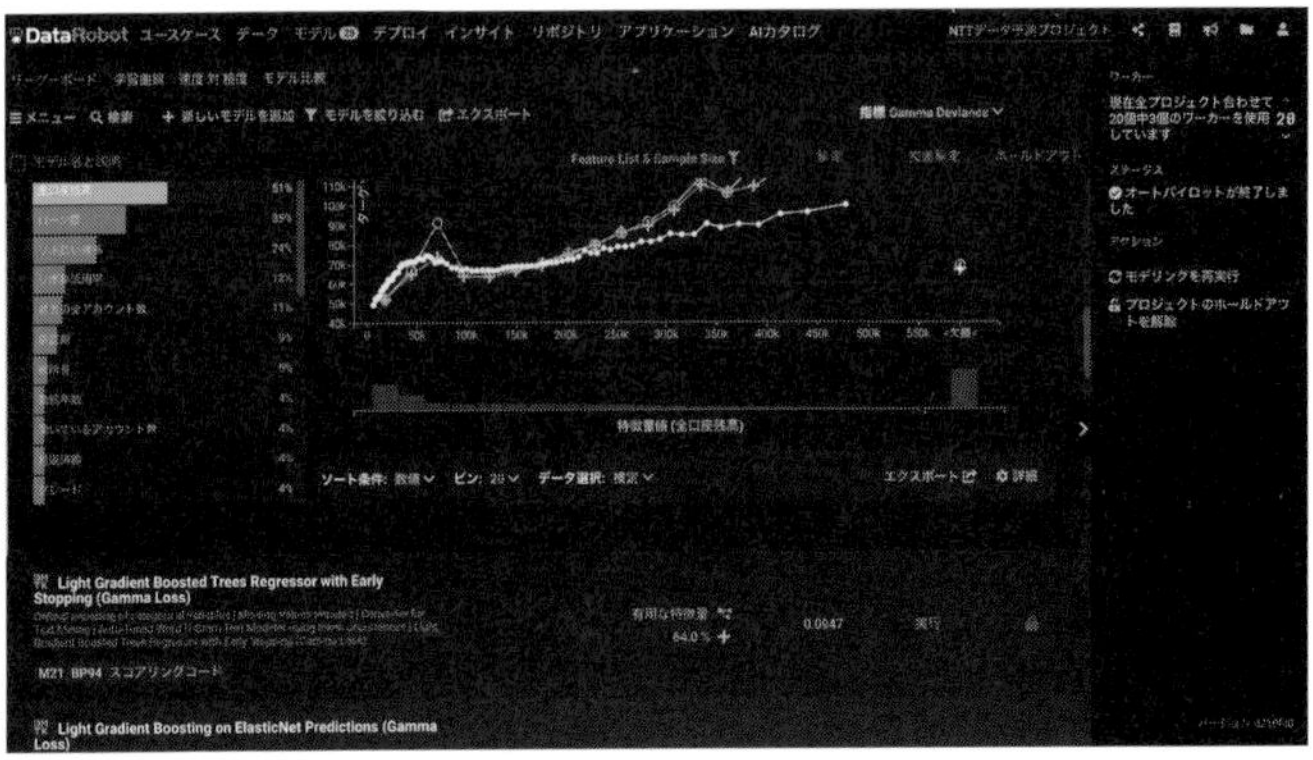

が増えるのでスタッフも増員すべき」というレコメンドがぴたりと当たって現場がうまく回った、という成果が出て、一気に信頼感が高まりました。いまではコスト削減にも、カスタマーエクスペリエンスの向上にも役立っているということでとても喜ばれています。

——効率化、適切なリソースの割り当て、顧客体験の向上などさまざまな効果が生まれているのですね。こうした仕組みを回していくと、さらにデータの取得が促進され、精度が高まっていくことが期待できますね。

はい。ただし、どんなＡＩシステムでも、モデルをつくればおしまい、というものではありません。

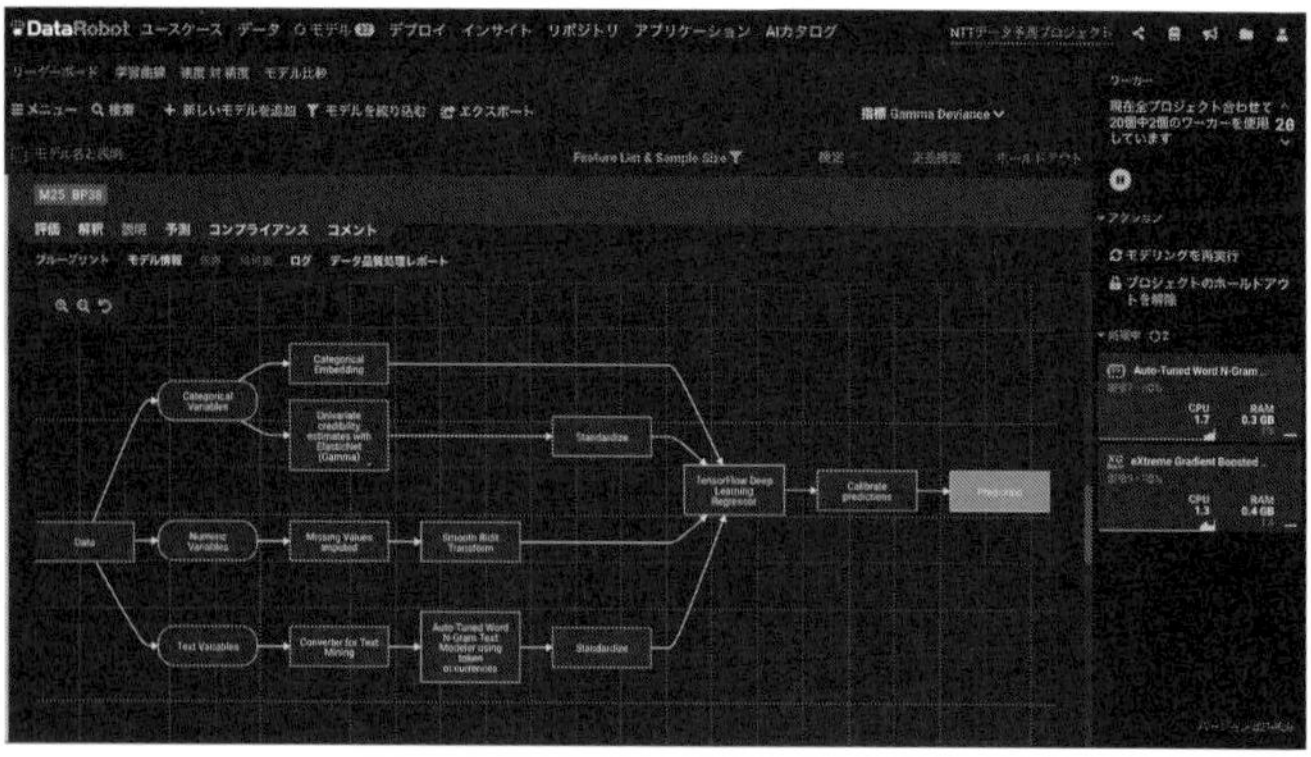

精度を高めていくためには、継続的な調整が必要です。いったんモデルを構築して本番環境に実装した後も継続的にモニタリングし、時にはＡＩが予測を誤ることも織り込みながら、細かい調整を続けていかなければビジネスで価値を生み出し続けることはできません。メンテナンスと修繕を重ねながら精度を上げていく作業は、航空機の機体整備にも似ています。

またDataRobotの顧客企業の場合、単一のプロジェクトだけで終わることは少なく、さまざまなプロジェクトを組み合わせて、総合的なサービス価値の向上を図るケースが多いです。小売店の場合でも、カスタマーエクスペリエンスは店舗だけで発生するわけではありませんから、需要予測だけでなく、ロイヤルティを向上させるプログラムやダイレクトメールなど、カスタマーコミュニケーションの領域にもＡＩを活用しています。

――レコメンデーションやクーポンを消費者に提供することで逆に需要もコントロールでき、需要予測の精度も上げることできるというように、一気通貫にすることにより、カスタマーエクスペリエンスも上がり、内部のロスも下がるという相乗効果を出すことができますね。実現するとき、何が課題になりますか。

機械学習には目的変数を一つしか設定できないという弱点があります。複数のデータコンポーネントを総合的に判断し、多面的な課題解決を図れるシステムを構築するのは今後の課題だと思います。カスタマーエクスペリエンスを向上させる要素は無数にあるので、本来は機械学習モデルを複数組み合わせて、さまざまな変数を見ていくのが理想です。しかし、それぞれビジネスロジックもジョブも管理の中身も違うため、それを成熟したシステムに育て上げようとすれば、人間のデータサイエンティストが細かく調整し、赤ちゃんを育てるように根気よく面倒を見なくてはなりません。将来的には、あらゆる企業が複数の機械学習モデルを組み合わせたAIシステムの構築を目指すべきだと思いますが、成功事例はまだまだ少ないのが現状です。AIシステムを高度に使いこなそうとする前に、まずはシンプルなユースケース（システムがどのように機能し、目的を達成するかを定義するもの）の成功事例をつくることが多くの企業にとっての現実的な目標でしょう。まず歩けるようにならなければ、走ることはできませんから。AIプロジェクトの8割は失敗するともいわれており、どんなにシンプルなユースケースでも成功させるのは簡単ではないのです。

AIプロジェクトを成功に導くセオリーとは

――AIプロジェクトの多くが失敗するということですが、失敗するプロジェクトに共通する原因はありますか。

ありますす。「データの取得ミスで失敗した」という分析をよく聞きますが、それは正しくありません。これまで膨大な事例を見てきた私にいわせると、失敗の原因のほとんどは「カルチャー」と「ユースケースの選択ミス」の二つに集約されるのです。

カルチャーとは、企業や人に起因するものです。私の経験では、関わる全員が「成功させたい」「AIを使って改善したい」と心から思っているプロジェクト、つまり変革に対して前向きなカルチャーのあるプロジェクトは成功します。経営層が事業変革の意志を持っており、データサイエンティストが課題解決に前向きであるのは最低限の条件ですが、彼らがやる気満々なだけではダメなのです。開発側もビジネス側も、関わっている全員が「仕事のやり方を変えよう」と強く思い、その変化を受け入れるカルチャーがなければ、生み出したシステムはどこにもたどり着きません。私たちの仕事の本質は、

「ユースケースを売る」ことではなく「カルチャーの変革を売る」ことなのです。

もちろん、サービス提供側の姿勢も問われます。私は自分自身がデータサイエンティストですが、データサイエンティストのカルチャーには危機感を持っています。というのも、データサイエンティストのなかには、モデル作成やデータ分析は大好きで情熱も持っているけれど、肝心の課題解決には興味がないという人が一定数いるのです。そういう人たちは顧客に価値を提供することより、自らの能力を誇示することに熱心です。こうした部分にも、変革が必要だと思います。

――価値を生み出すためには、ワンチームになり「顧客に提供する価値の創造」に向かっていかなければならないのですね。もう一つの失敗の原因として挙げられた「ユースケースの選択ミス」についてもお聞きしたいです。私は、不確実性を解消させれば事業にプラスの効果がある領域、つまりAIを使うことで不確実性を削減できる領域にAIを適用するのがよいと考えていますが、いかがでしょうか。

ユースケースの選択、つまり「ビジネス課題のどの部分をＡＩで解決するか」を決めることは、プロジェクトの成否を分ける非常に重要なポイントです。しかし実際の現場では、成功への道筋をはっきりさせないまま「使えそうなデータがたくさんある」という安易な理由でユースケースが選ばれ、何の価値も生み出せずに失敗してしまうことが多いと感じます。

不確実性の解消というのもわかりますが、私はＡＩを単なるツールではなくインテリジェンスだと考えていますので、その力を最も生かせるのは「意思決定（ディシジョン）」に関連する領域だと思っています。そこがプロセスの部分的な自動化に用いられるＲＰＡ（Robotic Process Automation）のようなツールとは違います。いままで人が担ってきた判

断をＡＩに任せる、というように意思決定そのものを代替させる場合もありますし、人間の意思決定を機械にアシストさせるという方法もあります。特に注目すべきは、意思決定にまつわるデータセットが大きいところです。データが大量になると人の目、人の頭脳だけで扱うのは難しくなり、機械に任せたほうが正しい判断に到達しやすいからです。最終的な判断は人間が下すとしても、機械にレコメンドさせ、結果をシステムにフィードバックするといったことを続けていけば、人も機械も学びが深まり、さらにビジネスとしての価値を生み出すチャンスが広がります。

――ＡＩのエンタープライズ適用に際して、経営者はどんな役割を果たすべきでしょうか。

繰り返しになりますが、経営として正しいユースケースを選ぶことです。「ＡＩに投資しなければ」と意気込んでプロジェクトを始める経営者は多いのですが、ユースケースの選択を誤ったために成果につながらず、やる気をなくしてしまう、という失敗例があまりに多いのです。プロジェクトが頓挫したことによる直接的な損失ももちろん問題ですが、特に大企業の場合、一度大きな失敗をすると再チャレンジのチャンスが遠ざかってしまうことの悪影響が大きいと思います。

たとえば2014年、米国のある保険会社が、優秀な人材を200人も雇用してサイエンスチームを結成し、何億ドルもの巨費を投じたAIプロジェクトを立ち上げました。しかしわずか3年で失敗に終わり、計画は立ち消えになっています。これほど大きな痛手を負ってしまうと、次の手が何年も打てなくなってしまいます。大きなプロジェクトに投資する前に、適切に選んだユースケースで、小さくても着実な成功実績をつくるべきです。

――無事にAIで成果が出る状態になれば、次は説明責任が求められますね。

説明責任は重要なポイントです。経営者は、AIを活用した各プロジェクトのKPI（重要業績評価指標）を確認し、どのプロジェクトが具体的にどれだけ利益を生み出しているかを取締役会で明らかにしなければいけません。「データサイエンティストを何人雇った」というような報告では、コストのことしかわかりません。大切なのは「どんな成果が出ているか」です。ＡＩが顧客に提供する価値や、企業の利益をどれだけもたらしたかを明確に説明できなければ、ＡＩ導入の意味がありません。そして、そのために必要なのが、ＡＩを常に説明可能な状態にしておくことです。さまざまな環境変化にさらされながらも、システムを健全に保つ管理力を発揮しなくてはならないのです。たとえば、新型コロナウイルスの感染拡大はあらゆるデータの意味を一気に変えました。交通にしろ、金融にしろ、もはや以前のデータからＡＩは正しい結論を導き出すことができなくなっています。これほど大きな変化が起きることは稀だとしても、ビジネス環境は刻々と変化しており、変化が起きれば古い理屈は徐々に通じなくなり、精度が低下していきます。こうしたことが起きないように、経営者にはＡＩを継続的に管理できる仕組みを整えておく責任があるのです。

AIの信頼性を高めるためのチーム

――DataRobotとして、現在のAIの重要課題はどのようなものと考えていますか。

ここ数年以内の最重要課題は、ＡＩの「信頼」を高めることです。ＡＩの活用範囲はどんどん広がっており、医療や航空管制といった重い責任をともなう分野にも導入が進んでいます。しかし、私はいまのＡＩが命を預けられるほどの信頼性を備えているとは思えません。新型コロナウイルスの感染拡大に際しても多数のＡＩモデルがつくられましたが、それらの予想はすべて間違っており、人命を守るための有効な政策立案のチャンスが失われました。こうした重大な局面でもＡＩに判断を任せられるレベルまでＡＩの信頼性を高めること。それが現状の大きな課題です。

DataRobotは、世界一信頼できるＡＩ企業を目指しています。「パソコンにインテルが入っていれば安心」というように「ＡＩにDataRobotが入っていれば安心」という状況を実現したいのです。そのためには、「信頼」そのものをエンジニアリングで構築しなければなりません。それを実現できて初めて、生死に関わる判断が下せるようになると考えています。

DataRobotには「ＡＩトラスト」と名づけたチームがあり、そこではラーニングやモデル構築だけでなく、導入後のモニタリングや健全性チェックなど、ＡＩのライフサイクル全体での信頼性を追求しています。そのメンバーとは、「自分の家族がグランドキャニオンに吊るされていたとしても、命綱のコントロールを任せられるほど信頼性の高いAIをつくろう」とよく話しています。

これ以外にも、AIが出した結論の経緯を明確に説明できるようにするチームや実際のビジネスで動いている機械学習モデルを継続的に監視し、精度低下などの問題を検知して自動的に改善する仕組みを提供するチームなどが、AIの信頼づくりに大きく貢献しています。AIが信頼されるためには、裏づけ、説明能力、モニタリングのすべてが必要なのです。

信頼性担保の取り組みといえば、私たちがいま開発に取り組んでいる「ハンブルAI（謙虚なAI）」もその一環です。これは、もしAIが導き出した結論の不確実性が高いと考えられる場合、それを謙虚に伝える機能を持たせるというものです。たとえば「データポイントが少しおかしいけれど、どこがどうおかしいかまではわからない」という場合、それをそのまま示したうえで、自動的にアプリケーション側のプログラムで例外処理をしたり、警告を出す閾値を変えたりといった対策を標準装備して、リスクを回避する仕組みを持たせるのです。

――企業活動においても信頼性は非常に重要なので、AIをビジネスに適用する経営者にとっても、AIがどのような根拠でその結論を出したのかのトレーサビリティ、つまり「説明可能性」が大事な観点だと思います。

おっしゃる通りです。DataRobotのAIプラットフォームには、2014年に予測説明の機能を追加しました。この機能は年々進化を続けており、AIの予測にはどんな根拠があるのか、強い影響を与えているのはどのパラメーターなのかが、誰が見てもわかるようになっています。

――AIサービス提供企業として、AIの信頼性を客観的に判断できるトレーサビリティを担保していることがわかりました。AIのアルゴリズムを監査するサービスを提供する企業も登場してきていますね。

ビジネス現場へのAIの普及は進む一方で、モデルの健全性の検証や監査、リスクマネジメントサービスの需要はこれからも大きくなっていくのが必然なので、私たちにとってもビジネスチャンスです。これからは、機械学習モデルを本番環境に実装した後も継続的にモニタリングし、問題が起きた場合の対処方法まで準備しておくのが当たり前になるでしょう。

DataRobotでは、すでに〈MLOps〉という製品にガバナンス機能を盛り込み、そうしたニーズに応えています。モデルが正常に機能しているか、予測精度が落ちていないかを監視し、改善することに加え、モデルのガバナンスが適切かといったこともチェックするのです。もし反応の遅延やSLA（サービス水準合意）違反などがあれば、すぐアラートが出るようになっています。データについても同様で、モデルが使っているデータフィードに問題がないか、モデルに合ったデータが使われているかなどを常にチェックしており、モデル構築時のデータと実際の予測に使っているデータの質にズレ（データドリフト）が生じていると考えられる兆候があれば、すぐにデータサイエンティストが確認して修正を施します。

モデルが出した予測が正確だったかどうかの検証も大切です。銀行のローンが返済されたかどうか、保険会社の保険金が請求されたかどうかなど、結果が出るのに時間がかかるものもありますが、販売促進キャンペーンのように短期的に結果が出るものなら、予測と結果を突き合わせればモデルの正確性を短期間で検証できます。そして、結果が思わしくない場合はすぐにモデルを修正します。モデルの正確性を担保するためには、洗練されたアルゴリズムも重要ですが、エラー発生の蓋然性の見極めも大切です。洗練されたアルゴリズムから精度の高いモデルを生成しても、一つエラーが起きれば信頼性は大きく損なわれてしまうからです。正確性は「正しさ」と「エラーの起きにくさ」の両面で捉える必要があり、そういう意味でも適切な運用はとても大切です。

私たちは環境変化に対応できるモデル改善を目指しており、そのためにもモデルを自動的にアップデートする仕組みをつくり上げることはとても重要だと考えています。

――入力データのなかで予測結果に大きな影響を与えているデータはどれなのかがわかれば、予測対象としている数値を上げるには、何を重点的に実施すればよいかを考えるヒントを得ることができます。このようにビジネスの意思決定を行う際に機械学習が出した結論の過程を学ぶことで新たな知見を得ることができます。人間が機械学習から学ぶ環境が整って行くように思います。

DataRobotの最大のテーマが、人と機械、双方のインテリジェンスを最大限に引き出すことです。これからリリースする新機能も、機械だけでなく人の可能性を高める仕組みづくりに役立つものになるはずですので、ぜひ注目してください。

――「ビジュアルAI」というプロダクトにも、大変関心を持っています。これまで機械学習のインプットは数値データが中心でしたが、画像がインプットに使えるようになる。たとえば不動産の価値は、立地や建物のスペックだけでなく、窓から見える風景にも依存しますから、画像をインプットに使えると、こうした領域でも活用の可能性が広がると思います。

人間には視覚、聴覚、味覚、触覚、嗅覚といった多様な知覚がありますし、さらに地理情報やSNS情報などを縦横無尽に組み合わせて現実社会を認識しています。AIが人間に近づくためには、数値だけではない多様なデータタイプを認識する必要がありますし、そういう意味ではビジュアルAIは感覚器官が一つ増えたにすぎません。しかし、それよってAIの活用方法は広がることは事実だと思います。これからさらにデータの種類を増やし、より完全なインテリジェンスを目指したいと思います。

スマホのようなAIをいかに生み出すか

——未来のAIに向けての展望をお聞かせください。

AIの信頼性を高めるために貢献している三つのチームがあることは先述しましたが、それらを含めて、DataRobotは専門性の高い25チームを擁しています。その成果をすべて統合して、優れたAIシステムを構築していこうとしているのです。これは、追求しがいはありますが、エンジニアリング上のかなり難度の高いチャレンジでもあります。

思い起こしてみれば、初期のコンピューターは、広い部屋を埋め尽くし、ケーブルが複雑に絡み合う巨大な機械の塊でした。それがいまでは、手のひらに収まるスマホ一つで何でもできるようになっています。いまのAIはちょうど初期のコンピューターのようなもので、まだまだ黎明期です。しかし、いずれ必ず誰でも使えるスマホのようなAIが生まれるでしょう。クリック一つでAIが何でも計算してくれる未来がやってくるのです。しかし、そのためには自動化をますます進めていく必要があります。そんな未来を実現するために、ＡＩが自ら学び、必要に応じて人間に助けを求める謙虚さを持ち、それゆえに信頼できる。そんなＡＩをつくることが、私たちの最大のチャレンジなのです。

――現在データサイエンティストが担っている仕事も自動化されていくのでしょうね。

まさに、DataRobotが取り組もうとしているのがそこです。先ほどDataRobotには25の専門チームがあると話しましたが、ユースケースのためのモデル構築だけを手がける一般的なＡＩ企業なら、データ、データサイエンティスト、プログラマー、オペレーターの4チームぐらいで事足りるのではないでしょうか。私たちがこれほど多くの専門チームを抱えているのは、「ＡＩの構築そのものを自動化するシステム」をつくろうとしているからです。私が最近読んだ本のなかに、強いＡＩが弱いＡＩを自力で生み出すＳＦ的な未来が描かれているものがありました。これは実は、DataRobotが創業時から構想していたことです。いま私たちは「ＡＩがＡＩをつくる」システムやマシンを実現しようとしているのです。

――他社にない製品やサービスが、DataRobotからこれからもどんどん生まれそうですね。

DataRobotは、AIシステムを自動化するマシンを開発しているという点で、他のAI企業とは大きく質が異なります。AIを単に生産性を上げるツールとは考えていないので、個別のユースケースに対応するだけでなく、AIシステムそのものを構築し、導入し、モニタリングし、自動化する仕組みづくりに力を入れています。

信頼性の高いシステムをつくるためには投資も必要です。私たちは機械学習をつくるために8年で4億3000万ドルを投資してきました。この間、優秀な人材が多種多様なデータセットと格闘してきたおかげで、堅牢性の高いシステムが構築されつつあります。新型コロナウイルス感染拡大の影響もあり、未来志向のAI投資の機運が少し下がってしまったことは残念ですが、それでもなおAIは世界で期待されており、そのために私たちが果たすべき役割は大きいと思っています。

Profile

マサチューセッツ大学ローウェル校で数学、物理学、コンピューターサイエンス、統計学を学ぶ。Travelers Insuranceのリサーチおよびモデリングディレクターを経て、2012年に起業。企業経営の合間にいまでもデータサイエンスコンペティションのプラットフォームKaggle.comで予測モデルを構築するなどしている。

第6章

［対談］

デジタル時代にこそ、大企業の信頼を生かした変革を

デジタル時代にこそ、大企業の信頼を生かした変革を

デジタル革命は、第二フェーズへ

山口　三品先生は第1章で1980年を大企業隆盛のピークと位置づけられていましたが、私が日本電信電話公社に入社したのはまさに1984年。大企業の永続を前提として就職した世代です。

三品　日米貿易摩擦が起きた1980年代前後は、エレクトロニクスや自動車を中心に、米国の企業が初めて日本企業から挑戦を受けた時代です。窮地に立たされた米国企業は一度は瓦礫の山となりました。しかし、そこから解放された人材と資金をテコに新たな企業群が生まれ、そこから巨大化して日本企業の前に立ちはだかるところが出てきてい

神戸大学大学院経営学研究科教授
三品和広 ×
NTTデータ代表取締役副社長執行役員
山口重樹

ます。マイクロソフトにしろＧＡＦＡの面々にしろ、当時はまだ生まれていないか、よちよち歩きの赤ん坊だったことを考えれば、隔世の感があります。

一方、当時成長した日本の大企業は、勢いが衰えているとはいえ自己更新しながらなんとか生き延びています。米国の新陳代謝の激しさに比べると、日本はあまりに変わっていない。しかし、いまこそ新たな現実に即した戦略へと脱皮するときです。山口さんとこうした問題意識を共有したことが今回の書籍の出版につながったと理解しています。

山口　はい。三品先生との共著はこれで2冊目ですが、前回が原理的な部分に重きを置いた内容だったことから、「具体的なビジネスにどう生かすべきかのヒントが欲しい」という声も多く、今回は具体的な戦略論に踏み込んでいます。日本企業のデジタル化の遅れが指摘されるなか、現状の打破につながる有益な視点を提供したいと考えています。

三品　日本企業のデジタル化の遅れは、国際的な強さを誇っていた１９８０年代に、自社固有の業務フローにシステムを合わせる形でＩＴ化を図ってきたことが一因だと思います。ＩＴ化は確かに業務を楽にしましたが、１９９０年代にグローバル化の波とともに世界共通のプラットフォームが広がると、コストが高くスピードも遅い社内システムの存在がかえって足枷になりました。日本企業同士の競争が熾烈だったこともあり、社内にすべてを抱え込む体質が災いしてガラパゴスへの道を歩んだのです。

山口　私はシステムを構築していた立場ですが、確かに当時は、自社の競争優位でない部分まで自前にこだわる傾向がありました。ただし２０１０年代以降は、システム化の中心がＥＲＰの管理の領域から、売上を上げる領域のビジネスプロセスへと変化し、その眼目も「業務の効率化」から「提供する顧客価値の高度化」へと移っています。グローバルの標準テンプレートを導入できる領域は導入すべきですが、自社の強みに直結する部分まで標準化すれば強みを殺すことにもなりかねません。それに、GAFAに代表されるプラットフォーマーは確かに情報のハンドリングに強いのですが、経済はそれだけでは成り立ちません。既存企業が強みを生かせる場所は、確実にあると考えています。

三品　おっしゃる通り、GAFAのビジネスは「ユーザー（消費者）に直接何かを提供する」領域に偏っています。〈AWS〉を基盤にしたZoomやDropboxもしかりです。しかし、その背後にはリアルをサプライチェーンでつなぐ仕事が残ります。日本企業の強みが発揮できるのは、まさにそこですね。

日本企業というとソニーやトヨタのようなBtoC企業ばかり語られがちですが、実はそれを支えるBtoB企業群が強いのです。巨大なサプライチェーンに組み込まれたBtoB企業群は、ネジを1本欠品させるだけで下流に大きな影響を与えますから、「信頼」を非常に大切にしています。デリバリーとリカバリーを保証するために拠点ネットワークを張り巡らせて人を配置し、問題があればすぐ駆け付けて対処する。ここは完全にデジタルに移行するのが難しいところです。日本企業は、プラットフォーマーの背後の真空地帯を狙うことで、GAFAと正面衝突せずに共存する未来が描けると思います。

社内のベストプラクティスを標準化

山口　デジタル論は華やかですが、デジタル革命そのものはまだ緒についたばかりです。むしろ私は、本当の勝負はこれから本格化する第二フェーズ、つまりデジタルの範囲がバーチャルからリアルへと広がっていく局面にあると考えています。アマゾンがＥＣを飛び出して実店舗を広げようとしているのもこの流れのうえにありますが、バーチャルとリアルでは経済原理が異なります。ですから、情報を握ることでバーチャルなビジネスを拡大した企業が、リアルなモノづくりや接客の領域でも同じように成功できるとは限りませんし、必ず別のケイパビリティが必要になります。この点で、既存企業に強みがあると考えています。

三品　確かに、営業所や支店といった現実世界のネットワークは、日本企業の大きな強みです。ただ、その競争力も過信はできません。たとえば、スターバックスコーヒーを見てください。スタバが手がけるのはＧＡＦＡのようなＩＴビジネスではなく、店頭というリアルな現場で日々デリバリーとリカバリーをこなす、いわば「おもてなしビジネス」です。むしろ、日本企業が得意としていた分野なのです。しかしいま、そのスタバに正面から対抗できている日本企業はありません。それどころか、日本が誇る喫茶店文化はあれよあれよという間に破壊されました。まさに黒船です。

その競争力の源泉は、優れたフォーマットを素早く広げた拡張性と、全店舗で同じサービスを可能にする標準化力にあります。構造はプラットフォーマーによく似ていますが、それをリアルの世界で実現しているのが脅威なのです。スタバでオペレーションを担うのは、多くの場合アルバイトです。彼らはオープンな作業スペースで、パーフェクトとはいえないにしてもうまくオペレーションを回し、垢抜けたサービスを提供しています。そこに日本企業にありがちな滅私奉公的な汗臭さはありません。サービスが洗練されているからこそ、従業員満足も顧客満足も高い。ここは日本企業に欠けているところです。

山口　こうしたサービスの洗練にこそ、デジタルを活用すべきです。データを科学的に分析すれば、よりパーソナライズされたサービスが可能になります。

三品　そして、それを中央化することが日本企業の大きな課題です。１９８０年代の日本の製造業ではＴＱＣ活動が盛んに行われていました。現場スタッフが改善点を議論し、企業がそれをサポートするボトムアップ型の品質改善運動です。これが米国に渡り、モトローラやGEがトップダウン型のシックスシグマ運動に生まれ変わらせました。従業員にブラウンベルト、ブラックベルトといった格付けを行い、スキルアップのためのロードマップを明示したのです。スターバックスが、バリスタへの道を示して従業員を動機づけしているのと似ています。ここにはデジタルが活用されています。個別のOJTでは、スキルがバラつくうえに手間もかかりますが、デジタル化されたフォーマットがあれば低コストで全体のレベルを上げられます。一種の社内プラットフォームですが、こうした仕組みを築けていない日本企業は多いのです。

山口　日本企業は概して、業務の仕組み化や全社展開が苦手といわれています。私の会社においても、米国ではお客さまの業務の標準化・共通化を実施し、デジタルを活用したビジネスプロセスのアウトソーシングビジネスを伸ばしていますね。

三品　米国企業のこうした取り組みは、現在のデジタル化の基盤になっています。一方、日本企業はベストプラクティスの抽出にもオペレーションの標準化にも失敗しています。社内競争が激しく、社員が手持ちのノウハウを出したがらないからです。人の評価のあり方が、ベストプラクティスの抽出を阻んでいるといえます。

山口　現場の社員が創意工夫するという日本企業の強みもありますが、それをさらに進

デジタル革命そのものはまだ緒についたばかりです。本当の勝負はこれから本格化する第二フェーズ、デジタルの範囲がバーチャルからリアルに広がっていく局面にあります

めて会社の強みにするということですね。

三品　本当に成果を出している方法論をあぶり出すためには、共通の勝負の土俵を用意し、検証を繰り返して「わが社のベストプラクティス」を決めなければなりません。場所ごとにバラバラの仕組みを許していると、いつまでたってもグローバルなベストプラクティスが抽出できませんし、標準化も成功しません。せっかく標準化しても、低いところに合わせてしまえば自殺行為になるからです。標準化するなら最高のレベルに合わせて「高い標準化」をしなければ意味がない。そのためには「本当のベストプラクティス」の抽出が不可欠です。

山口　「最高のものを仕組み化する」というのは、大変重要なキーワードだと思います。現場のやり方の最小公倍数にすれば、低い標準化になりかねません。会計システムのようなものならシステム会社が薦めるベストプラクティスを採用してもいいですが、自社独自の競争優位に関わる部分は安易に外部にベストプラクティスを求めず、自社のベストプラクティスを仕組み化することが重要ですね。

価値の本質を問い直す

三品　山口さんが第2章で語られていた「デジタルエコノミーの三つのドライバー」は、日本の大企業がデジタル化に後れをとっている間に、どのようにデジタルの影響が進んだかがわかりやすく整理されていると思います。私が第1章で「大企業がなぜ優位を失ったか」という視点で語ったことを、「新興企業がなぜ強くなったか」という反対の視点から理解する形ですね。

山口　私がデジタルエコノミーを「三つのドライバー」という切り口で捉えるようになったのは2017年ごろからで、以来、経営者向けのセミナーでもよく話すようになりました。そして多くの経営者から「自社ビジネスに与える影響が明確になった」という声をいただいたことが、三品先生との共著『デジタルエコノミーと経営の未来』（2019年）につながっています。

三品　やはり影響が大きいのは第一のドライバーです。

山口　はい。2019年に中国のIT都市として知られる貴陽市で開催された中国国際大数据博覧会（ビッグデータエクスポ）にパネリストとして参加した際、この会で基調講演を行った経済学者のポール・ローマー氏と個別に話す機会があったのですが、「デジタルが与えた最大の経済インパクトは、取引コストの低下だ」と話していました。本文のなかでも触れましたが、取引コストが低下して初めて市場取引が可能になった財が数多く生まれており、まさに第一のドライバー「デジタルがあらゆるところに市場をつくり出す」のことを指しています。第1章で三品先生が指摘されていた大企業のスピードダウンやアンバンドリングも取引コストの低下が引き起こしたものですし、新興企業の飛躍の主因にもなっています。さらに、第二のドライバー「デジタルが不確実性をビジネスチャンスに変える」はトランザクション・レンディングなどの新しいサービスを生み、第三のドライバー「デジタルが新たな製品・サービスの原材料になる」で、あらゆる産業においてソフトウェア関連のケイパビリティが不可欠になりました。

三品　第一のドライバーを支えているのが、強い検索エンジンです。アマゾンやグーグルは、データ量が多く構造がルーズなデータベースからの検索を可能にし、これが第四次産業革命のコアになっています。これまでは、探せばもっとよい条件の取引相手がいるとわかっていても、探す術がないため目の前の相手と取引せざるを得なかった。しかし、検索コストが劇的に低下したことで、選択の自由が大きく広がりました。取引相手から見れば、関係性だけではご愛顧いただけなくなったということです。ホンダのスーパーカブにエンジン部品を供給し続けてきたのは長らく日本の中小企業でしたが、現在、東南アジアで中国勢を相手に価格競争できているのは、部品の多くを現地調達しているからです。第一のドライバーはＢ toＢの世界でも効いているのです。

ただし、デジタル化は時に一種のイコライザー（平衡装置）として働きます。つまり、サービス内容が似てくるのです。コロナ禍でビデオカンファレンスのニーズが高まった際も、最初はZoomが前に出ましたが、他社がサービスを強化し始めると、どれもこれも似てきました。「デジタル化」だけでは差がつかないとなると、差異化のポイントは、人が介在しているところに戻ってきます。それが、オペレーションのデリバリーとリカバリーの信頼性です。

山口　信頼性は大企業が持つ強みですが、先生の指摘にもあったように貸借対照表には載りませんから、利益や価値に紐づく仕組みの構築が必要です。

三品　価格戦略においても、以前はモノ＝価値と捉えられていましたから、原価を積み上げて、利益を乗せれば簡単に価格が決まりました。ところが「使用」だけを市場化したカーシェアリングのようなサービスが登場したことで価値も価格も見直さざるを得なくなっています。そこでサブスクリプションのような課金方法が出てくるわけですが、「サブスクありき」では失敗します。たとえば自動車なら、自家用車を持つことで、いつでも行きたいところに楽に行ける「移動の自由」を得ることができる。このように価値の本質を見つめ直せば、何を売るか、誰に売るか、どう課金すべきか、というすべての戦略が変わってきます。第一次、第二次の産業革命後の大量生産時代はモノに焦点を合わせることで価格が決まり、ビジネスが定義されてきました。ここを問い直すことが、デジタル時代におけるリ・インベンションの出発点になると思います。

価値は単にモノに宿るのではない、ということには多くの人がすでに気づいています。そうであれば、企業はさらに価値の本質を鋭く捉え、その本質に合わせて、提供の仕組

みや課金方法を変えなくてはいけません。

これまでも「バリュープライシング」といわれるような価格戦略は存在していましたが、肝心のバリューが「モノが何台売れた」「何トン売れた」という物量でしか測れなかったために、適切に運用することができませんでした。ところがデジタルの普及は、より精密かつ多面的な取引の測定を可能にし、物量以外の変数に連動させて価格を組み立てられるようになっています。

山口　言い換えれば、デジタルによって制約が外れたことで、ようやく「本当のビジネス」ができる土台が整ったのだと思います。顧客に価値を提供することがビジネスの基本であることはいまも昔も変わりません。しかしかつては制約が多く、顧客の情報もなかなか得られなかったために「モノを売って終わり」にならざるを得ませんでした。しかし、現在のようにさまざまなデジタル技術を組み合わせられるようになれば、モノにこだわらず、サービスをいくらでも広げることができ、顧客が本当に求めるものを提供できる可能性が高まります。これは大きなチャンスだと思います。

攻めの信頼、守りの信頼

三品　第1章では、デリバリーとリカバリーが信頼の源泉であると述べましたが、実はその信頼にも2種類あるのです。「期待値を超えていく」という攻めの信頼と、「最低限のラインを踏み外さない」という守りの信頼です。たとえば食品会社が他社よりおいしい商品をつくろうとするのは「攻め」で、異物の混入を防ぐのは「守り」です。注目されやすいのは「攻め」ですが、デジタル時代に重要性が増しているのは「守り」のほうです。なぜならいまは、ネガティブな経験ほど口コミで広がりやすく、守備にミスが出れば一発退場を迫られることにもなりかねないからです。しかし守りの現場は往々にして本社から遠いため、経営者が実情を把握していません。そして、信頼を守る当事者が過小評価されがちです。

たとえば、給湯器からお湯が出なくなったとします。ガス会社がすぐ修理をしてくればいいですが、電話をしてもつながらず、待たされ、修理の日程が決まらず、風呂に何日も入れなくなったらどうでしょう。顧客は「こんな酷い目に遭わされた」とSNSで拡散し、ガスはやめてオール電化にしようと思うかもしれません。守りの信頼を損なうと、ガス供給という攻めの部分のサービスの質とは関係なく顧客を失うのです。給湯器がちゃんと動いている限りサービスセンターの電話は鳴りませんから、平時にサービスパーソンが待機している状態を見れば、生産性の低さを理由に人員カットの対象になりやすい。しかし真冬に寒波などがくれば一気に故障が増え、電話が集中して対応できないということが起こります。リカバリー担当者は消防士のようなもので、本来は生産性の議論になじみません。出動回数が少なくても、いざ火事が発生したときにきちんと消火し、死者を出さないことが大事なのです。何も過剰なスタッフィングを放置しろというのではありません。こうした不確実性の高いところにこそデジタルを活用して最適配置を工夫すべきなのです。大企業が地味な裏方部分にリソースを投入し、優位性のあるネットワークや拠点を強化して「大企業2・0」に進化できれば、日本経済が浮上する手がかりになるはずです。

山口　合理化優先で守りを切り捨てる企業は決して多くはないと思いますが、現状維持にこだわって、何も変えずに温存している企業はまだまだあると思います。やはり時代に合わせた最適化は必要です。デジタルの導入でバックヤードをかなり合理化できることを、もっと多くの経営者に知ってほしいと思います。とはいえ、どうしてもデジタル化できない部分も残りますし、実はその部分にこそ、デジタル化できないがゆえの希少価値があり、競争優位になる可能性はあります。

三品　それをうまく使っているのが、分析事例にもあったウォルマートですね。山口さんも書かれていたように、ウォルマートではストアマネジャーの給料が非常に高い。その分裁量も大きく、店舗ごとの品揃えはかなり違います。アーカンソーの本社の近くの1号店では墓石やボートまで売っていましたが、これはストアマネジャーが地域のニーズ分析を行い、品揃えや店づくりに反映しているからです。実店舗というローカル部分の品揃えに関しては中央から完全に統制せずに人の判断を残しているわけです。そのおかげでECとリアル店舗で違いが生まれ、それぞれの強みを生かせるようになっています。デジタルを使うからといって何でもEC化せず、ローカル、しかもリアルなグリッドをより強くするためのアシストに活用していく。このように、ウォルマートがセントラルとローカルをうまく使い分ける戦略をとったことで、アマゾンはリアルに引きずり出されました。非常にしたたかなやり方だと思います。

中期経営計画（中計）＋αの新たなマネジメントの模索

山口　デジタルは、アナログに頼っていた信頼の構築の仕組み化にも役立ちますし、アナログな部分の高度化にも役立ちます。いずれにせよ自社の強みをあぶり出し、それをより強くする方向に生かせると考えています。

三品　山口さんが本書で提唱する「顧客価値リ・インベンション戦略」は、自社が提供する価値の本質を見つめ直してビジネスを再構築するものですから、「攻めの信頼」においても王道だと思います。

山口　実は、顧客価値リ・インベンション戦略は、社内の意識を一つにするという意味でも有用です。特に私たちのようなBtoBビジネス従事者においては「顧客の真の課題を把握し、その解決策を見出して提供する」という指針は非常にわかりやすく、仕事の価値を明確化しやすいのです。私が担当している組織の一つでは、「Trusted Digital Partner（お客さまから信頼されるデジタルパートナー）」という組織ビジョンを掲げています。「顧客に信頼されるパートナーになろう」というこの指針は、自分たちの行動を見直すよい道しるべになっています。顧客の真のパートナーになろうとすれば、日々の業務がより顧客の課題解決へ向かうのは当然で、現場の社員が活動にブレイクダウンしやすいのです。経営層からのメッセージとしても、売上や利益を語るよりずっと伝わりやすいと思います。

ただし、真の効果につなげるためには、売上や利益といった中期経営計画的な指標とは別の新たなマネジメントの指標を取り入れて人事管理や人事評価に生かす必要があります。

三品　中計は、組織の屋台骨を向こう3年どうするか、というものですから、既存事業の改善・改良には力を発揮しますが、舵取りにふさわしいものとはいえません。ですから、中計＝全社戦略としないことが肝要ですね。中計は現在の基幹事業の実働部隊を動かす道具立てとしては有用ですが、あくまで既存事業の改善改良を担うものです。数値

経営トップが腹をくくり、常に「小手先に陥っていないか」「本当に転換期に生き残れるか」を問い続けなければなりません

を設定してしまえば、その管理は各部門長に任せてオートパイロットでいい。しかし、既存事業以外で攻めと守りを仕込もうとすれば、3年や5年では評価は定まりませんし、戦略性も必要ですから、プラスαとして考えるべきでしょう。これを無理に中計の論理に合わせれば、まっすぐ進んでいるつもりが大きく道を外れていたということになりかねません。

山口　おっしゃることは理屈としてはよくわかりますが、現実の経営では中期経営計画を実行し達成するのもかなりの努力が必要です。日々戦略を変え、考え、実行していくというのは、実際容易ではありません。

三品　経営者の力量が試される部分です。しかし、「全員経営」を身上としてきた日本企業で、みんなで合意してきた枠組みを変えることは簡単ではありません。ここが最も大きな試練になるといってもいいでしょう。経営トップが腹をくくり、常に「小手先に陥っていないか」「本当に転換期に生き残れるか」を問い続けなければならないと思います。

専門性を生かして、信頼から信任へ

山口　顧客価値リ・インベンション戦略のフレームワークでは「顧客のアクティビティをいかに自社側で引き受けるか」について詳しく説明していますが、これは顧客のアクティビティを奪ってお金にするのが目的ではありません。あくまで顧客の課題解決のために、デジタルを活用して、より低コストで満足度が高い分担を模索するものです。従来のアウトソーシングとはそこが違います。というのも、アウトソーシングは作業を集約することでコストを下げることを目指すものですが、私たちが目指すのは、自社と顧客のバウンダリーの最適化だからです。顧客のアクティビティを自社で担うことで提供価値を上げ、関係性を継続させて信頼を育て、信頼が信任につながり、顧客から任せられれる範囲がさらに広がっていく。このように価値が成長するイメージを描いています。

三品 これも重要なポイントですね。アウトソーシングから信任へ、という部分で、私はあるコールセンターの企業に注目しています。コールセンター業務の代行に始まり、いまでは顧客企業の戦略に踏み込んだマーケットリサーチを任されています。そもそもマーケットリサーチは企業の顧客満足度向上や販売促進の手段ですが、大企業にはジェネラリストが多いので、ついついデータ分析まで社内でやってしまいます。しかし「餅は餅屋」で、日々データ解析を手がけているプロに任せたほうがよい結果が出るのです。任せるべき分野を、適切に外部の専門家に任せることで企業の専門性も上がり、戦闘力も上がります。「顧客からもぎ取る」のではなく、相互の専門性を活用してトータルのアウトプットを上げることこそ主眼です。大企業の経営層も、自社の専門性のレベルを上げなければ生き残れないほど競争が激化していることを認識する必要があると思います。

山口 本書のなかで、テクノロジーベンチャー2社にインタビューしていますが、世界で事業を展開するデザイン専業企業のStarも、世界有数のデータサイエンティストが集まるＡＩ企業のDataRobotも、自分たちが顧客に提供する価値は「企業カルチャーの変革」である、と口を揃えていることが印象的でした。私たちも実務の場面では、顧客企業のメンバーとともに同じ目的に向かうワンチームとして活動しており、相互に成長しながらカルチャーを変革しています。しかし、せっかく現場で変化が生まれても、経営者がそれに肯定の意を示さなければすぐ従来のやり方に戻ってしまう。小さくても成功事例をつくって、広げていくことが重要であると実感しています。

三品　一つのプロジェクトの成功が変革の糸口になり、自分も顧客企業の担当者も偉くなっていく、というのも日本企業の得意とする成功パターンです。成功したワンチームのプロジェクトが人を出世させるという点については、日本企業も意外と実力主義なのです。おまけに欧米企業に比べると中核人材が長く企業にとどまるので人と人のつながりを基盤にした「信頼」が築かれやすい。創業経営者が率いる日本企業が大きく成長したのも、欧米の相手企業の経営者とガッチリ手を握って人的な信頼関係を築き、技術の提供を受けたゆえ、というケースが少なくありません。これは簡単にデジタルで置き換えられない部分です。信頼の最後の砦は、人と人の関係です。こうしたワンチーム、パートナー間の絆をどこまで保てるかにも注目したいと思います。

経営の枠組みのアップグレードを

三品　「信頼の棚卸し」は、最後は人の評価に行きつきます。ですから私は、人の評価こそデジタル化すべきと考えています。これまで日本企業は、人事評価が非常にアナログでした。成果のアウトプットより、働きぶりを見てしまう。すると滅私奉公するタイプが引き立てられやすく、その結果として企業の保守性がより強固になってしまいます。評価の仕組み化を怠り、個人のがんばりだけに頼っている構造にメスを入れなければ、本当に有効的にデジタルを生かすことはできません。山口さんが挙げられた新たな管理指標も、デジタルを活用すればつくれるはずです。新たな管理方法を生み出すのは大仕事ですし、工数がかかるわりに結果はすぐに出ません。しかし、企業の生命線になっている人を正当に評価しなければ、企業は絶対に変わりません。多面的に棚卸しをするにあたって、人事評価や処遇は、極めて取り組む価値の大きい領域なのです。

この部分に関しては、新型コロナ禍がいいきっかけになったと思います。働き方の見直しを迫られ、リモートワークが当たり前になり、必然的に評価のあり方を変えざるを得なくなったからです。これを機にデジタル化可能な指標による評価と処遇が定着すれ

ば、日本企業にとっては朗報です。

山口　顧客価値リ・インベンション戦略では、企業が自社ではなく、顧客に目を向けることを求められます。これは大企業病の克服にもつながりますし、大企業の競争優位を無効化してきた三つのドライバーを反対に味方につける視点でもあります。本書を書き終えて私が最も強く感じたことは、企業の新旧や大小にかかわらず、経営とは常に「顧客価値をどう提供するか」が中心課題である、ということです。特にデジタル化が進む現代においてこそ、その基本を直視し、絶えず見直しながら向上していくことが大切だとあらためて感じました。

三品　こうした認識に立ち、経営者の方々には「中計の枠組みでできることをしよう」ではなく「日本企業をバージョンアップするために聖域を設けず変革しよう」と考え、ありとあらゆる側面を棚卸しする覚悟を持ってほしいと思います。変革を実現するためには、固定観念にとらわれず柔らかい挑戦ができる組織にすることが重要ですから、既存の経営の仕組みを温存したままデジタルを取り入れようとすると苦戦を強いられるでしょう。次代を構想するためには、既存の事業組織を母体にしたままでいいのかを問い直さなくてはいけません。困難ではありますが、上手にバージョンアップできれば、長年培ってきた強みが競争優位として輝くはずです。枠組み内の改良にとどまるか、枠組みそのものをアップグレードするか。いま、大きな岐路に立っているといえるのではないでしょうか。

おわりに

企業人として働き始めてから、私は常に「情報技術の進展は、社会、経済、経営にどのようなインパクトを与えるのか」という問題意識を持ち続けてきました。そして、「そのなかで自分はどのような貢献ができるか」を常に自分に問い、それを働く原動力にしてきました。本書の内容は、こうした問題意識のなかでも特に「経営」にフォーカスしたものとなっています。

経営について語るには、豊富な経営経験と誰もが認める経営業績を出していることが必要だとも思います。私の経営経験は、40代半ばでコンサルティング会社の立ち上げに常務として従事したのが最初でした。その後、40代後半に顧客企業との合弁会社で専務として経営に携わり、当社役員として7年間経営に携わった経験ですので、経営を語るに十分とは言えません。もちろん、事業の成長を目指してどんな施策を打ち、どう組織を動かすか、社員が成長できる仕組みや環境をどうつくるか、迷いながらも真摯に試行錯誤を重ねてきましたが、いまようやく、多様化する経営環境における経営の難しさ、深さがわかり始めてきたにすぎません。そのため、正直に申し上げると、たとえ「デジタル」という限られた観点であれ、私などが経営について語るのは不遜ではないか、という思いは本書を書き終えたいまもぬぐえません。それでもなお、書こうと考えるに至った背景を、ここで少しご説明したいと思います。

一つは、実務における実感です。私たちのようなＳＩｅｒと呼ばれる企業の仕事は、かつてはその大半が「顧客企業が示す要件をシステムで実現し、運用すること」でした。しかし２０１６年以降、サービス領域がその前後に大きく広がりました。「デジタルを経営にどう生かせばよいか」という戦略の策定から、「デジタルでビジネスの成果を出す」という結果までカバーすることが求められるようになったのです。経営により深くコミットすることが期待されるようになるにつれ、顧客企業の経営者と交わす話題も、システムから経営戦略へと重心が移っていきました。本書で紹介した「顧客価値リ・インベンション戦略」は、まさにここ数年、私が顧客企業の経営者と繰り返し議論させていただいた内容を体系化したものです。これまで多くの経営者に共感していただき、問題意識を共有することができた経験の蓄積が、ＩＴの実務者としてデジタルエコノミーにおける経営戦略を語ることとの大きな動機になりました。

もう一つは、経営者にとっての具体的な打ち手をきちんと示したいという思いです。前著『デジタルエコノミーと経営の未来』では、ビジネスの現場の経験を経済学などのツールで一般化し、デジタルがもたらす経営、経済、社会へのインパクトを浮き彫りにしようとしました。しかしながら、個々の企業がとるべき戦略についての言及は十分でなく、私としては未達成感がありました。当社では毎秋、経営層の方々を対象にしたフォーラム（EEF＝Enterprise Executive Forum）を開催しています。そこで昨年、このフォーラムにおいて、私は本書で紹介した「顧客価値リ・インベンション戦略」の原型となる考えを話しました。すると、多くの方々から「自社ですべきことがわかった」というポジティブな反応をいただきました。この講演は、本腰を入れて戦略論を再整理するきっかけになっています。

本書を手に取った読者の多くは、「デジタルエコノミーにおいて必要となる、これまでの経営とは異なる新しい戦略」を期待されていたかもしれません。しかし、本書で提示しているのは、デジタルを活用するという前提はあるものの「顧客の真の課題を解決する」「顧客に提供する価値を絶えず向上させる」「顧客の活動を引き受けて顧客とのバウンダリーを変える」という、いつの時代も変わらぬ経営の基本そのものです。顧客に選ばれ続ける「信頼」はもちろん、顧客の活動を任されるほどの「信任」を得ていく、という姿勢も然りです。しかし、この基本こそが、デジタルエコノミーにおいてはこれまでよりも重要になるという点は強調しておきたいと思います。

デジタルであらゆるものが取引される市場が生まれると、取引や商品に関する情報を提供側が独占できなくなります。競合他社にも顧客にも平等に情報が行きわたるため、模倣も比較検討も容易にできます。そのような環境で参入を阻む障壁をつくる、あるいは顧客を囲い込むプロモーションを打って一時的に収益を上げたとしても、中長期的に見れば信頼は失われていくでしょう。略奪的な価格やサービスも、公正な市場からはやがて退場が求められます。結局、顧客の真の課題を解決し、他社に真似のできない自社独自の財・サービスを提供していかなければ、顧客から選ばれ続けることはできないのです。言い換えれば、大部分の財・サービスがコモディティ化するデジタル時代においては、希少な財・サービスが高い価値を認められるのです。だからこそデジタルで「個々の顧客の課題を理解し、つきあえばつきあうほどその理解は深まり、提供する価値が上がり、顧客の活動を幅広く引き受けていく」ことが重要になるのです。競争優位の源泉が、一朝一夕には獲得できない信頼と信任だとすれば、小手先の戦術でなく、企業のミッション、企業が社会に向き合う姿勢そのものがより強く問われるのも当然です。

また、すべてを顧客起点で考える「顧客価値リ・インベンション戦略」は、組織マネジメントにも役立ちます。たとえば私が担当する組織の一つは、「Trusted Digital Partner（お客さまから信頼されるデジタルパートナー）」をその組織のビジョンに掲げており、経営層も、管理職層も、現場スタッフも、すべてのメンバーがこれを行動指針にしており、みんなの頑張りで売上・利益を年率2桁で成長させています。営業職なら提案で、設計・開発職なら要件把握やシステム構築・運用で、顧客からパートナーとして信頼され、顧客の成功に貢献することを最優先せよ、ということですから、とてもわかりやすく、実践につなげやすいのです。この指針は個人の振り返りだけでなく、組織としても活用しており、模範となる取り組み事例を共有したり、課題を議論したりといった場を定期的に設けています。さらに顧客企業のプロジェクト責任者の成功のKPI、顧客満足度や顧客推奨度、プラチナカスタマー数といった数値指標と連動させれば、よりPDCAが回しやすくなります。「顧客価値リ・インベンション戦略」が、組織を一つにするのです。「顧客を起点に考える」ことが前提ですから、社員が上司ばかり見るといった大企業病に陥りにくいというメリットもあります。第3章で記した「顧客価値リ・インベンション戦略における仕組みと提供体制」は、こうした私自身のマネジメント経験を多分に生かしています。

最後になりましたが、本書の出版にあたってご協力をいただいた方々に、この場を借りてお礼申し上げます。

第5章には、米国のテクノベンチャー2社のインタビューを収めましたが、本書の制作中に感染が拡大していた新型コロナウイルスの影響で、対面してお話をうかがうことができませんでした。このような環境下でもリモートでのインタビューに快く応じてくださったスター〈Star〉社のユハ・クリステンセンさんとスタッフの方々、データロボット〈DataRobot〉社のジェレミー・アシンさんとスタッフの方々に感謝いたします。

また、前著に続いて経営戦略の視点から新たな気づきを与えてくださり、ご指導いただいた三品和広教授と神戸大学現代経営学研究所の方々に感謝いたします。

私が十分な時間が取れないなか、私の思いつきを具体化するための議論につきあい、事例による裏づけや詳細化、執筆を支援してくれたコンサルティング&マーケティング事業部の菊山直也さん、新田龍さん、またこの企画を支えてくれたスタッフメンバーにも感謝します。そしてもちろん、日々の事業を通じてご指導いただいているお客さまにも、あらためて感謝の意を表したいと思います。

私の仕事は、お客さまと一緒にデジタルを活用し、社会に価値を創出することです。今回、企業を例に述べて来た考え方は、パブリックセクター等の領域でも適用できると考えています。今後ますます求められる、領域を横断する社会システムにおいても基本となる考えだと思っています。これからも経営者の一人として、構想策定からシステムの実装、事業支援まで一気通貫で責任を持って実施するＮＴＴデータのＤＮＡを生かしながら、変化する環境のなかで絶えず新たな事業立地を開拓していきたいと思っています。

企業にとって社会的責任や社会的解決は、今後ますます重要なテーマになるでしょう。しかし社会的責任は、いわゆるＣＳＲ活動でしか果たせないわけではありません。本業においても、ただ短期的な利益を追うのではなく、顧客の真の課題を解決し、継続的に顧客価値を上げ、顧客から信頼・信任される活動を持続的に行えば、それは社会からの信頼・信任にもつながり、企業活動全体を通じた社会課題の解決、継続的な社会へ価値の還元が可能になるのです。デジタルの時代だからこそ、経営者がそのような視点を持つことの重要性があらためて増していると思います。

本書を最後までお読みいただき、ありがとうございました。デジタルを生かした経営戦略の立案・実行に際して、少しでもお役に立つことができれば、著者の一人としてこれに勝る喜びはありません。

2020年8月

NTTデータ　代表取締役 副社長 執行役員

山口重樹

[著者]

三品和広（みしな かずひろ）

神戸大学大学院経営学研究科教授。1959年愛知県生まれ。82年一橋大学商学部卒業。84年一橋大学大学院商学研究科修士課程修了。89年ハーバード大学文理大学院企業経済学博士課程修了。89年ハーバード大学ビジネススクール助教授。北陸先端科学技術大学院大学知識科学研究科助教授等を経て、2004年より現職。主な著書に『戦略不全の論理』（東洋経済新報社、2004年、第45回エコノミスト賞、第21回組織学会高宮賞、第5回日経BP・BizTech図書賞受賞）『経営戦略の実戦1:高収益事業の創り方』（同、2015年）『経営戦略の実戦3:市場首位の目指し方』（同、2018年）、共著書に『モノ造りでもインターネットでも勝てない日本が、再び世界を驚かせる方法――センサーネット構想』（同、2016年）『デジタルエコノミーと経営の未来』（同、2019年）がある。

山口重樹（やまぐち しげき）

NTTデータ代表取締役副社長執行役員。公共・社会基盤分野、法人・ソリューション分野、中国・APAC分野担当。1961年兵庫県生まれ。84年一橋大学経済学部卒業、同年日本電信電話公社入社。製造業、小売・流通・サービス業でのシステム開発、新規事業創出に従事し、特にコンサルティング、ERP、Eコマース、オムニチャネル、ペイメントの拡大に注力。近年は中国・APAC地域での事業拡大、デジタルソサイエティーの実現に向けた取り組みも推進。2013年執行役員法人コンサルティング＆マーケティング本部長、2016年常務執行役員ITサービス・ペイメント事業本部長、2017年取締役常務執行役員を経て、2018年6月より現職。共著書に『デジタルエコノミーと経営の未来』（東洋経済新報社、2019年）がある。

企画協力

青山 有吾
有田 哲也
伊藤 愛理
内山 尚幸
大久保 篤
加来 こず恵
楫 貴之
菊山 直也
佐藤 憲彦
谷中 一勝
新田 龍
畠山 宗
東 和久
松下 亮祐
南田 晋作
横山 真由子
（50音順）

信頼とデジタル
――顧客価値をいかに再創造するか

2020年8月19日　第1刷発行

著　者――三品和広・山口重樹
発行所――ダイヤモンド社
〒150-8409　東京都渋谷区神宮前6-12-17
https://www.diamond.co.jp/
電話／03･5778･7220（編集）　03･5778･7240（販売）
装丁――――山田絵理花
編集協力――小林直美、安藤柾樹（クロスロード）
対談撮影――朝倉祐三子
通訳協力――アークコミュニケーションズ
校正――――ディクション
製作進行――ダイヤモンド・グラフィック社
DTP　――インタラクティブ
印刷――――新藤慶昌堂
製本――――ブックアート
編集担当――音湘省一郎

ISBN 978-4-478-11078-2